Comment aider mon enfant
à mieux dormir

De la naissance
à l'adolescence

De la même auteure

Parus

Rêves & Créativité
Comment atteindre ses objectifs par les rêves
Préface de Roger St-Hilaire
Éditions Le Dauphin blanc - 2003

Recueil de postulats
500 demandes pour induire des rêves-réponses
et trouver des solutions tout en dormant
Éditions L'ABC des Rêves et du Sommeil - 2005

S.O.S. cauchemars
Techniques pour s'en libérer
Préface de France Castel
Flammarion Québec - 2005

Mon premier journal de rêves
Outil simple et original pour vous aider
à vous souvenir de vos rêves
et à les comprendre
Éditions L'ABC des Rêves et du Sommeil - 2007

Le rêve et ses bénéfices
Découvrez-les à travers des témoignages
Préface de Nicole Gratton
Éditions L'ABC des Rêves et du Sommeil - 2007

Mieux dormir... j'en rêve !
Stratégies pour bien dormir
adaptées à la femme et à l'homme modernes
Préface du Dr Jean Drouin
Les Éditions de Mortagne - 2009

Une discipline sans douleur
Dire non sans fessée, sans cris
et sans marchandage
Les Éditions de Mortagne - 2010

Comprendre les dessins de mon enfant
Les Éditions de Mortagne - 2011

Le sommeil du nourrisson
Les Éditions de Mortagne - 2011

Brigitte Langevin

Comment aider
mon enfant
à mieux dormir

De la naissance
à l'adolescence

Préface de Germain Duclos

ÉDITIONS DE MORTAGNE

Catalogage avant publication de Bibliothèque et Archives nationales du Québec et Bibliothèque et Archives Canada

Langevin, Brigitte, 1964-

Comment aider mon enfant à mieux dormir : de la naissance à l'adolescence
Nouv. éd.

Publ. antérieurement sous le titre: Comment aider mon enfant à dormir.
Bois-des-Filion, Québec : ABC des rêves et du sommeil, c2006.

ISBN 978-2-89074-926-9

1. Sommeil, Troubles du, chez l'enfant. 2. Enfants - Sommeil. 3. Nourrissons - Sommeil. 4. Tout-petits - Sommeil. 5. Adolescents - Sommeil. I. Titre. II. Titre: Comment aider mon enfant à dormir.

RJ506.S55L36 2009   618.92'8498   C2009-940886-4

Édition
Les Éditions de Mortagne
Case postale 116
Boucherville (Qué bec)
J4B 5E6

Distribution
Tél. : 450 641-2387
Téléc. : 450 655-6092
Courriel : info@editionsdemortagne.com

Dépôt légal
Bibliothè que et Archives Canada
Bibliothè que et Archives nationales du Qué bec
Bibliothè que Nationale de France
3e trimestre 2009

ISBN 978-2-89074-926-9

3 4 5 6 – 09 – 16 15 14 13

Imprimé au Canada

Nous reconnaissons l'aide financière du gouvernement du Canada par l'entremise du Programme d'aide au développement de l'industrie de l'édition (PADIÉ) et celle du gouvernement du Québec par l'entremise de la Société de développement des entreprises culturelles (SODEC) pour nos activités d'édition. Gouvernement du Québec – Programme de crédit d'impôt pour l'édition de livres – Gestion SODEC.

Membre de l'Association nationale des éditeurs de livres (ANEL)

À ma fille Karelle

REMERCIEMENTS

Un livre vient au monde grâce à la collaboration de plusieurs personnes, je les remercie particulièrement. Ma gratitude s'adresse :

Aux chercheurs et aux auteurs, particulièrement les Dres Marie-Josèphe Challamel et Marie Thirion, toutes deux pédiatres et passionnées par les enfants. Elles m'ont permis de pénétrer un peu plus dans l'univers des jeunes et de leur sommeil.

À toutes les conseillères pédagogiques et à leur direction, qui ont bien voulu m'accueillir dans leur établissement (CPE, garderie ou école). Aux éducatrices, aux responsables en service de garde et aux professeurs qui m'ont fait part de leurs expériences par rapport au sommeil des enfants dont ils ont la garde.

À tous les parents qui ont porté à ma connaissance les difficultés entourant le sommeil de leur enfant et leur désir ardent de pouvoir enfin y remédier.

À Chantal Giroux et Robert Poirier, les parents de Sara, et à Nathalie Bossé et Gabriel Ouellet, les parents d'Alicya, pour la tenue de l'agenda du sommeil de leur enfant durant 7 jours consécutifs.

À Carole Fortin, ma complice littéraire, pour sa patience, sa présence et son dévouement à la tâche de lire et de relire mes textes.

À Karine Poisson, conseillère pédagogique, au Centre de la petite enfance Chez nous c'est Chez vous, pour sa contribution considérable à la mise au point de la politique sur le sommeil chez les enfants.

À Johanne Goyette, Michelle de Lagarde, Belinda Langevin-Gaudreau et Linda Langevin, pour la lecture du manuscrit et leurs commentaires forts utiles.

À Sylvie Charest, responsable de la Bibliothèque de Bois-des-Filion, pour son efficacité à me procurer les ouvrages nécessaires à la rédaction de ce livre.

À ma fille Karelle, pour sa contribution non sollicitée et inestimable.

À mon amoureux Éric, sans le soutien duquel je n'aurais pas pu mener à bien ce projet.

Enfin, aux membres de l'équipe des Éditions de Mortagne, qui méritent toute ma reconnaissance pour leur soutien à mon égard et surtout pour l'excellent travail accompli !

TABLE DES MATIÈRES

Préface

Ma vie professionnelle a été exclusivement consacrée aux enfants manifestant des difficultés d'adaptation et d'apprentissage. N'étant pas spécialiste des troubles du sommeil, j'ai au départ abordé la lecture de ce livre avec curiosité, mais c'est ensuite avec fascination et un vif intérêt que je me suis imprégné de son contenu. Cet ouvrage s'adresse au grand public et particulièrement aux parents. Son contenu est certainement le produit d'une recherche bibliographique sérieuse et sa validité scientifique est indiscutable. Tout en vulgarisant les connaissances actuelles relatives au processus du sommeil chez l'humain, le propos est bien structuré et limpide. On apprend à tout âge, et c'est avec plaisir que j'ai eu, par la présente étude, accès à de nouvelles connaissances.

En général, les parents se sentent compétents lorsqu'ils ont « un bon bébé », c'est-à-dire un enfant qui mange bien, dort bien et qui semble heureux dans sa peau. La principale responsabilité du parent est de satisfaire les besoins de développement de son enfant. Tout parent sait intuitivement que le sommeil est un besoin vital qui doit être satisfait chez le bébé dès ses premiers mois. Cela suppose un apprentissage des rythmes veille-sommeil, de la détente et de l'abandon. L'enfant peut faire cet apprentissage lorsque les adultes qui en prennent soin mettent en place des conditions favorables au sommeil. Ce livre décrit bien ces conditions tout en suggérant des moyens concrets, facilement applicables quotidiennement pour les créer.

Au cours de mes rencontres avec des milliers de parents, trois thèmes majeurs s'avéraient fréquemment source de conflits entre eux et leurs enfants : les problèmes de sommeil, la discipline et les périodes des devoirs et des leçons. Par rapport à la problématique du sommeil, j'étais conscient que les parents pouvaient exercer une action favorable ou défavorable. Cependant, mes conseils demeuraient parfois généraux et limités quant aux solutions proposées. Ce livre comble largement cette lacune, puisqu'il contient de nombreuses suggestions quant aux attitudes et moyens que tout parent peut mettre en œuvre à chacune des étapes du développement de son enfant. Ce livre devrait être suggéré par les pédiatres aux parents et à toute personne œuvrant en éducation.

Une nourriture de qualité et un bon sommeil sont des conditions essentielles pour que l'enfant soit favorablement disposé aux apprentissages et entretienne des relations positives avec les adultes et ses camarades. Beaucoup trop d'enfants sont en dette de sommeil. Cette carence se manifeste par des difficultés d'attention et de concentration, de l'irritabilité et de l'impulsivité. Les enfants d'aujourd'hui ont grandement besoin de sommeil parce qu'ils sont hyperstimulés et continuellement structurés durant la semaine.

Un bon sommeil réduit le stress tout en reposant l'enfant. Nous connaissons tous le caractère contagieux du stress. La relation parent-enfant est primordiale et doit engendrer du plaisir. Pour ce faire, les membres de la famille doivent pouvoir passer du temps ensemble et profiter d'un sommeil de qualité. Il est donc important d'organiser sa vie pour garantir le repos et le plaisir.

Dans ce livre, l'auteure est généreuse en conseils judicieux, exprimés de façon intimiste, comme si elle communiquait personnellement avec chacun des lecteurs. Ce livre reflète un grand amour des enfants ainsi qu'une bonne compréhension de la réalité des parents d'aujourd'hui. C'est un livre d'art et de science, d'amour et d'engagement pour les enfants, ces parents de demain.

Germain Duclos
Psychoéducateur et orthopédagogue
Auteur de *L'estime de soi : un passeport pour la vie*

Les enfants sont les premiers couchés,
les derniers levés
et ne voient jamais leurs parents dormir.
En fait, pour eux, dormir
c'est bon pour les malades, les punis,
les vieux et les bébés.
Eh bien, c'est cela qu'il faut changer !
Il faut apprendre à l'enfant l'amour du lit,
l'amour du sommeil
et que c'est voluptueux de s'endormir.

Pierre Fluchaire,
Les secrets du sommeil de votre enfant

INTRODUCTION

B ien dormir est aussi essentiel à l'enfant que d'être nourri et aimé. Pour cette raison, l'aspiration de tout parent qui met son enfant au lit se traduit par : « Dors, mon ange ! » Or, à cet égard, tout ne se déroule pas toujours aussi bien qu'on le voudrait. Près de 30 % à 40 % des bébés, 25 % des enfants et 20 % des adolescents souffrent de difficultés de l'endormissement et de réveils fréquents durant la nuit. Inévitablement, une grande majorité de parents connaîtront tôt ou tard des nuits écourtées par suite du sommeil perturbé de leur bébé, de leur enfant ou de leur adolescent.

Le sommeil est un des sujets les plus souvent abordés par les parents lors des suivis pédiatriques[*]. Ils s'inquiètent du fait que leur bébé ne « fasse » pas ses nuits, de l'endormissement tardif de leur tout-petit, de l'éveil beaucoup trop matinal de leur enfant d'âge scolaire, ou encore des nuits blanches de leur adolescent. Les psychologues affirment, pour leur part, que le sommeil est le motif le plus fréquent de consultation en psychologie de l'enfant[**].

---

[*] Dr Jean-François Chicoine, pédiatre au CHU Sainte-Justine.

[**] Dr Marcel Rufo et Christine Schilte, *Bébé dort bien*, Paris, Hachette Livre, 2004.

Passionnée par les rêves et le sommeil, et par ailleurs maman d'une adolescente de 15 ans, j'ai fait l'expérience de plusieurs problématiques liées au sommeil à différents âges. À la naissance de ma fille, j'aurais aimé disposer d'un livre tel que celui-ci, proposant des trucs concrets, des stratégies pour remédier aux difficultés du sommeil de l'enfant à différentes étapes de sa croissance. J'aurais évité bien des pièges et des nuits blanches ! Le sommeil de l'enfant n'est pas de tout repos pour les parents.

Dans mes conférences sur le sommeil présentées devant des auditoires de parents, de professeurs ou de groupes d'éducateurs, les questions abondent sur le sommeil des enfants. Le présent ouvrage a pris forme en réponse à ce besoin flagrant d'information sur le sujet. Il est la résultante d'expériences concrètes, de stratégies éprouvées et des plus récentes découvertes sur le sommeil des enfants. Voilà un livre sur mesure qui répond aux vraies préoccupations de tout adulte aux prises avec les difficultés de sommeil d'un enfant ou qui souhaite à titre préventif être mieux documenté sur le sujet.

En première partie de cet ouvrage figurent des notions sur la physiologie du sommeil qu'il est essentiel de connaître pour favoriser, chez le tout-petit, la mise en place des premiers rythmes veille-sommeil. Nous y aborderons également l'hygiène du sommeil, les ennemis et les alliés du dodo, le rituel du coucher, les signes de fatigue, la sieste et les conditions qui s'imposent lorsque la maladie affecte le sommeil de l'enfant.

En deuxième partie : place à l'éducation au sommeil ! Âge par âge, nous verrons comment aider l'enfant à devenir autonome dans l'exercice de son sommeil, c'est-à-dire à s'endormir seul au coucher ou après un réveil nocturne. Le savoir-faire des parents relativement aux différents problèmes de sommeil de leur enfant se construit certes par essais et erreurs, dont certains peuvent s'avérer difficiles à surmonter. Nous relevons donc les principaux pièges à éviter et proposons des solutions efficaces, des trucs éprouvés. Certains lecteurs seront tentés de consulter les seules parties de l'ouvrage qui se rapportent à l'âge de leur enfant. Cependant, il est préférable de suivre l'ordre des chapitres pour une vision globale du sommeil et une meilleure compréhension des enjeux qui y ont trait.

Enfin, en troisième partie, nous examinerons certaines difficultés précises en matière de sommeil. Les problèmes de sommeil sont souvent, pour les bébés, un moyen utile de communication avec leurs parents. Leurs réveils intempestifs sont, pour une bonne part, une manière d'occuper une place de premier plan au sein de la famille. Plus les parents lui donneront la latitude de s'exprimer par des troubles du sommeil, plus l'enfant le fera avec force. La troisième partie exposera donc des techniques d'intervention qui vous permettront de comprendre la situation et les moyens d'y remédier. En dernier lieu, cette troisième partie mettra en lumière les maladies du sommeil pouvant perturber l'enfant de la naissance à l'adolescence.

Pour conclure, le lecteur disposera de trois annexes. En annexe I, les interrogations les plus fréquentes des parents sont traitées sous la forme de questions suivies de la réponse.

L'annexe II indique les grandes lignes d'une *politique sur le sommeil chez les enfants*. La direction des bureaux coordonnateurs, de centres de la petite enfance et de garderies pourra s'inspirer de ces énoncés de principe pour rédiger un document contenant sa propre ligne de conduite à adopter, le but étant de faire respecter le moment du repos ou de la sieste dans leurs établissements, moment indispensable aux enfants... et aux éducateurs.

Enfin, en annexe III, le lecteur est invité à découvrir qu'il existe une journée internationale du sommeil.

Le sommeil est vital et trop peu de gens en sont conscients. Pourtant, la nuit (et la vie) de milliers d'enfants et de parents pourrait être améliorée par la compréhension de quelques principes simples. Je souhaite que le sommeil puisse acquérir à vos yeux la place qu'il mérite, aux côtés de l'alimentation et de l'exercice, parmi les bases essentielles de la santé.

Première partie

COMPRENDRE LE DÉROULEMENT DU SOMMEIL

Il n'existe en réalité qu'une seule définition du sommeil normal : c'est quand, le matin, nous nous réveillons non seulement avec l'impression d'avoir bien dormi, mais aussi avec celle d'être reposé et en pleine forme... pas forcément pour aller travailler.

**Dre Marie-Josèphe Challamel
et Dre Marie Thirion,**
Mon enfant dort mal

Même si, chaque nuit, Morphée nous ouvre ses bras pour un repos bienfaisant tant pour le corps que pour l'esprit, le grand régisseur de ce sommeil est le cerveau. Quand vient le temps de dormir, il commande à notre corps de passer du mode « éveil » au mode « sommeil ». C'est également lui qui nous entraîne au royaume fabuleux des rêves. Mais comment cela se passe-t-il ?

Il existe trois états de conscience que le cerveau orchestre de main de maître, il s'agit de l'éveil, du sommeil et des rêves. Le jour, le cerveau est en éveil, le cortex cérébral est hyperactif : nos sens sont alertes, nous analysons le monde, nous réfléchissons, nous prenons des décisions, etc.

Au réveil, nos ressources d'énergie sont à leur maximum. À mesure que la journée avance, celles-ci diminuent presque à zéro : une dette de sommeil s'installe. Notre attention se relâche, nous avons de la difficulté à réfléchir de façon logique et notre performance s'amoindrit. Cet état s'accompagne de bâillements répétitifs et de lourdeur dans le corps : il est temps d'aller dormir.

Une structure de la grosseur d'une pointe de crayon, logée dans l'hypothalamus à la base de notre cerveau, nous ordonne de dormir. Il s'agit de la glande pinéale, appelée également épiphyse. Le soir, l'épiphyse commence à sécréter de la mélatonine, hormone qui joue un rôle dans l'apparition et le maintien du sommeil : elle informe les différentes parties de notre corps qu'il fait nuit. Notre corps envoie donc des signaux de fatigue durant la soirée, tandis que la lumière du jour descend. La sécrétion de cette hormone de l'obscurité atteint son plus haut niveau vers 3 heures du matin et décroît par la suite. À ce moment, elle cède la place à une autre hormone liée au stress et à la digestion : le cortisol. La sécrétion du cortisol atteint un sommet aux environs de 7 heures du matin, nous préparant ainsi à la journée et au déjeuner.

Tout ce travail est accompli à notre insu durant la nuit par le cerveau qui travaille sans relâche. Dormir est un état sublime concédé par le cerveau.

Chapitre 1

LE TRAIN DU SOMMEIL

Il y a un peu moins d'un siècle, le sommeil était perçu comme un état passif. Ce n'est que vers le début des années 1930 qu'on découvre le premier rythme de sommeil, appelé rythme alpha en référence à la première lettre de l'alphabet grec. L'invention de l'électroencéphalographe permet alors, en effet, de capter et d'enregistrer par l'intermédiaire du cuir chevelu les pulsations électriques émises par le cerveau. Cependant, c'est dans les années 1950 que la science du sommeil entre dans une ère nouvelle, à la faveur de la cascade de progrès technologiques qui y voient le jour. Ainsi, au cours des 60 dernières années, nous avons davantage appris sur le sommeil qu'au cours des 2 000 années précédentes. Si le sommeil reste mystérieux à certains égards, nous savons toutefois, maintenant, qu'il s'agit d'une activité hautement organisée.

Notre sommeil se déroule par cycles de 90 minutes en moyenne, ce qui donne un total de 4 à 6 cycles complets pour une nuit de 8 heures. Chaque cycle équivaut en quelque sorte à un train du sommeil. Idéalement, il faut aller se coucher quand le train passe, c'est-à-dire au début du cycle, quand les signes annonciateurs du sommeil se manifestent : bâillements répétitifs, lourdeur, difficulté de concentration, etc.

SOMMEIL LENT, SOMMEIL PARADOXAL

Voyons plus précisément comment s'organise une nuit de sommeil chez l'être humain. Pendant que nous dormons, nous passons par deux sortes de sommeil qui alternent durant la nuit : le sommeil lent et le sommeil paradoxal.

Commençons par le sommeil lent. Durant cette période, les ondes cérébrales sont ralenties, d'où son nom. Le cerveau est peu actif, nous ne percevons plus notre environnement et notre corps est profondément endormi. Si on nous réveille pendant cette période, c'est la confusion totale : il nous faut un grand effort pour nous éveiller complètement ; d'ailleurs, nous ne cherchons alors qu'à nous rendormir. Le sommeil lent comprend toutefois des phases de sommeil léger et de sommeil profond.

Durant le sommeil lent, une récupération physique a lieu : notre corps se régénère et fait le plein d'énergie pour être frais et dispos au petit matin. C'est aussi à ce moment que les hormones de croissance sont sécrétées, autant chez l'adulte que chez l'enfant. Chez l'adulte, en effet, ces hormones sont responsables de la restauration et du renouvellement des tissus, tandis que chez l'enfant, elles activent son développement physiologique. Ce sommeil prédomine durant les premières heures de la nuit.

Voyons maintenant le sommeil paradoxal. Durant cette période, le corps est profondément endormi, presque paralysé, alors que le cerveau, lui, est très actif. Les ondes cérébrales émises à ce moment ressemblent à celles de l'éveil. Tout un paradoxe ! Le sommeil paradoxal porte bien son nom. C'est aussi à ce moment que se produit la majorité des rêves.

Le sommeil paradoxal, pendant lequel les yeux bougent sous les paupières, est aussi appelé, pour cette raison, le sommeil MOR (Mouvements Oculaires Rapides), plus connu sous le terme anglais de *REM sleep* (*Rapid Eye Movement*). Ce sont d'ailleurs ces mouvements oculaires qui indiquent que le dormeur est en train de rêver.

Le cerveau est responsable de la production de nos rêves. Alors qu'il était au ralenti en sommeil lent, le voilà actif en sommeil paradoxal. Cependant, seules certaines zones s'activent : celles associées à la vue et à l'ouïe, d'où les images et les sons qui peuplent nos rêves. Le système limbique (le siège des émotions) s'anime : nous ressentons toutes sortes d'émotions en rêve. Toutefois, la partie du cortex responsable du sens critique se met en veilleuse : nous produisons alors des rêves dont la logique semble absente.

LES DIFFÉRENTES PHASES D'UN CYCLE DE SOMMEIL

L'étude de l'activité électrique du cerveau pendant le sommeil a permis de déterminer 5 phases distinctes à l'intérieur d'un cycle complet. Pour bien illustrer ce cycle, nous allons suivre le parcours du sommeil de Benjamin, un enfant de 8 ans[*]. Vers 19 h 30, il se prépare à aller se coucher. Il prend un bain, met son pyjama, se brosse les dents puis va dans sa chambre. Après lui avoir lu une histoire et l'avoir embrassé, sa maman éteint la lumière, en laissant toutefois une petite veilleuse allumée.

L'endormissement

Benjamin ferme les yeux et commence à se détendre. Il pense aux événements de la journée, aux projets du lendemain avec ses amis, à la dernière émission regardée à la télé.

---

[*] À partir de deux ans, la structure du sommeil de l'enfant est identique à celle de l'adulte.

Sa respiration se fait de plus en plus lente et ses muscles se relâchent, même si de courtes et brusques contractions musculaires peuvent se produire. Ce sommeil est très fragile et sensible au moindre bruit. Il peut s'accompagner d'hallucinations visuelles ou sonores, dites hypnagogiques, ou encore de sensations de chute. Il ne dort pas encore, il se détend et s'assoupit.

Phase I : sommeil lent léger

Après environ 15 à 20 minutes, un rideau sensoriel tombe et isole son esprit du monde extérieur. Il ne perçoit plus les bruits familiers de la maison. Si on l'appelait doucement par son nom, il ne réagirait pas. Cependant, un coup de coude ou le jappement affectueux de son chien pourrait le tirer de son sommeil. Réveillé, il dira en toute bonne foi qu'il ne dormait pas.

Phase II : sommeil lent léger

Au bout de 5 minutes environ, Benjamin passe de la phase I à la phase II. L'activité électrique cérébrale est de plus en plus lente et ample. Son sommeil s'approfondit, sa respiration et ses battements cardiaques sont lents et réguliers. Si on le réveillait maintenant, il se souviendrait sans doute qu'il a dormi. Les phases I et II représentent environ 50 % de la durée totale de sommeil.

Phases III et IV : sommeil lent profond

Après 5 à 10 minutes, le sommeil de Benjamin s'approfondit encore plus et il passe en phase III ; à peine quelques minutes plus tard, la phase IV s'installe. L'activité cérébrale est à son minimum ; la relaxation musculaire est marquée et toutes les fonctions vitales sont au ralenti. Benjamin dort maintenant profondément, très loin du territoire de la conscience.

Ces deux phases constituent 25 % du sommeil total et sont particulièrement récupératrices pour son organisme. C'est au cours du sommeil lent profond que peuvent survenir des accès de somnambulisme ou de terreurs nocturnes*.

Phase V : sommeil paradoxal

Il survient en moyenne entre 50 et 80 minutes après le début du sommeil et se distingue radicalement des autres stades. Les yeux de Benjamin commencent à s'agiter sous ses paupières, sa respiration devient irrégulière, son rythme cardiaque et sa tension artérielle s'élèvent. L'activité électrique cérébrale se met à l'œuvre comme si Benjamin était réveillé. Le fonctionnement de ses neurones est à son maximum, mais ses muscles se paralysent complètement. Benjamin rêve.

Le sommeil paradoxal représente 60 % du sommeil total du nourrisson. Après la première année, le pourcentage s'établit à 27 % et, dès la deuxième année, il rejoint celui de l'adulte, soit 25 %.

Sommeil lent et sommeil paradoxal alterneront au cours de la nuit. Cependant, plus on avancera dans la nuit, plus longue sera la durée de sommeil paradoxal. On rêve donc plus le matin que dans les premières heures de la nuit. Parallèlement, les épisodes de sommeil lent profond se raccourciront (phases III et IV), tandis que les stades de sommeil lent léger (phases I et II) prendront une place importante entre les phases de sommeil paradoxal.

Le sommeil évolue avec l'âge et s'organise au cours de la période fœtale pour aboutir rapidement, après deux années, à la structure du sommeil de l'adulte, comme nous l'avons

---

* Le somnambulisme et les terreurs nocturnes sont expliqués en détail au chapitre 16.

vu avec l'exemple du sommeil de Benjamin. À sa naissance, on distingue chez le nouveau-né deux types de sommeil, le sommeil agité et le sommeil calme. Voici ce qui les distingue.

Sommeil agité

Le nouveau-né s'endort au cours de cette phase et ce n'est que vers 3 mois qu'il s'endormira en sommeil calme comme l'enfant et l'adulte (sommeil lent léger). Même si les muscles posturaux entrent alors dans une certaine atonie, ce sommeil se caractérise par toute une série de très légers mouvements corporels :

- agitation des doigts et des orteils ;
- mouvements oculaires rapides ;
- expressions faciales diverses : sourires, émotions, telles que peur, plaisir, dégoût, colère ou surprise ;
- irrégularité de la respiration et accélération du rythme cardiaque.

Cette phase dure en moyenne de 20 à 30 minutes. Elle correspond chez l'enfant et l'adulte au sommeil paradoxal.

Sommeil calme

Le sommeil calme du nourrisson se caractérise par des ondes électriques plus amples et plus lentes ainsi que par le maintien du tonus musculaire (contrairement à l'atonie du sommeil agité). Le visage est inexpressif, et la respiration, régulière. Cette phase se prolonge entre 20 et 25 minutes. Le sommeil calme du nourrisson est équivalent au sommeil lent de l'enfant et de l'adulte.

Entre le sommeil agité et le sommeil calme, il existe un temps de sommeil indéterminé, dit aussi de transition.

Chez le nouveau-né, le cycle complet est assez court, de l'ordre de 40 à 60 minutes, comparativement à 90 minutes chez l'adulte, soit près de 2 fois plus court. Ce cycle se répète 3 ou 4 fois pour une durée moyenne de repos de 3 à 4 heures consécutives. La part prépondérante de sommeil agité (60 % du temps du sommeil) s'expliquerait par son importance dans la construction cérébrale et l'établissement des connexions entre les neurones. Sous aucun prétexte on ne devrait réveiller un nourrisson endormi.

Il importe de signaler que régulièrement, au cours du sommeil, tant chez le nourrisson et l'enfant que chez l'adulte, surviennent de courts réveils dont la plupart des dormeurs ne sont pas conscients, à moins qu'un élément extérieur ne retienne leur attention. Ils s'accompagnent souvent d'un changement de position du dormeur. Nous y reviendrons en détail dans la deuxième partie.

Voici maintenant des tableaux résumant les caractéristiques observables à chaque phase durant le sommeil de l'enfant.

Un cycle de sommeil (un train) chez l'enfant
(à partir de 3 mois)

Phase	Caractéristiques
Endormissement	• Bâillement • Yeux qui picotent • Baisse d'énergie • Impatience • Pleurs

Commentaires :

Pour attraper le train, on doit coucher l'enfant dans les 10 minutes qui suivent les premiers signes de fatigue, sinon son endormissement risque d'être plus difficile. Surtout, évitez de le laisser s'endormir dans vos bras, car dès qu'un court éveil surviendra, il se rendra compte qu'il n'y est plus et il se mettra inévitablement à pleurer.

Phase	Caractéristiques
Sommeil lent léger	• Respiration calme • Relâchement musculaire • Perception des bruits, des odeurs, de la douleur, des sensations de chaleur et de froid • Émission de bruits de succion de la tétine ou du pouce • Mains refermées sur son doudou ou sa peluche

Commentaires :

Si, par obligation, on doit réveiller l'enfant (par exemple, lors d'une sortie chez des amis), il est préférable de le faire dans cette période. Il se réveillera plutôt facilement et sera en meilleure forme. Cette phase de sommeil se répète à chacun des cycles.

Phase	Caractéristiques
Sommeil lent profond	• Respiration lente • Tonus musculaire réduit • Grand calme • Bouche ouverte • Relâchement de la succion, chute de la tétine • Mains ouvertes

Commentaires :

Pendant cette phase, il importe de ne pas réveiller l'enfant ; ce serait un réveil désagréable pour lui (crise, pleurs, agitation très difficile à calmer) et pour l'entourage. Les parasomnies (somnambulisme, terreurs nocturnes, somniloquie, bruxisme, énurésie) surviennent au cours de cette phase. Ce sommeil permet notamment la récupération physique, la sécrétion de l'hormone de croissance et le renforcement du système immunitaire.

Phase	Caractéristiques
Sommeil paradoxal	• Mouvements des yeux sous les paupières, frémissements des doigts et des orteils • Atonie musculaire complète • Respiration saccadée • Expressions faciales diverses (sourire, moue, etc.)

Commentaires :

Ce sommeil est essentiel pour l'intégration des acquis (se tenir la tête, se traîner, marcher, gazouiller, parler, etc.) et la maturation du système nerveux central. Contrairement à l'adulte, l'enfant est facile à réveiller à ce stade, bien qu'il ne soit pas souhaitable de le faire.

Ainsi que nous l'avons vu précédemment, une nuit complète représente un enchaînement de 4 à 6 trains. Afin d'engager le train du sommeil au bon moment, il est primordial de reconnaître les signes de fatigue qui se manifestent chez l'enfant.

Chapitre 2

LES SIGNES DE FATIGUE
CHEZ L'ENFANT

Le besoin de sommeil diffère d'un enfant à l'autre. Il existe de petits et de grands dormeurs. Vers l'âge de 10 ans, la plupart des enfants ont besoin en moyenne de 11 heures de sommeil. Certains se contenteront de 10 heures par nuit ou même se réveilleront en bonne forme après seulement 9 heures de sommeil. Ces petits dormeurs représentent environ 5 % des enfants. Par contre, les grands dormeurs auront besoin de plus de 12 heures de sommeil par jour. Ils représentent environ 10 à 15 % des enfants.

De plus, dans la même famille, il n'est pas rare de rencontrer des enfants de type matinal (lève-tôt et couche-tôt) et, à l'opposé, des enfants de type nocturne (couche-tard et lève-tard). Bien que cette différence s'estompe provisoirement à l'adolescence, elle réapparaît naturellement par la suite. Les besoins de sommeil sont probablement innés, déterminés en grande partie par l'hérédité. Ils évoluent pendant l'enfance, puis ils se stabilisent au début de l'âge adulte. Un tableau indiquant la moyenne des heures de sommeil par jour, de la naissance à l'adolescence, est disponible au chapitre 4 (p. 57).

L'HEURE DU « MARCHAND DE SABLE »

Malgré toutes ces différences individuelles quant au sommeil, « prendre le train du sommeil » au bon moment est possible si nous savons reconnaître les signaux avant-coureurs de son arrivée. Tenir compte de l'heure « naturelle », physiologique, d'endormissement est déjà un bon moyen de commencer la nuit et de faciliter le sommeil. Il vaut mieux ne pas compter sur les enfants pour nous faire part de leur besoin de sommeil : rares sont ceux qui admettent leur fatigue. Voici certains signes très révélateurs du besoin de dormir chez l'enfant.

Observez son visage

La fatigue paraît tout d'abord sur le visage de l'enfant. Impossible de vous méprendre sur la raison de ses bâillements successifs. Lorsqu'il se frotte les yeux et que son regard devient vague, il a manifestement besoin de se reposer.

Observez son corps

À mesure que la fatigue d'un enfant augmente, sa température corporelle s'abaisse. Cela l'incite à restreindre ses mouvements, à se pelotonner. Il cherche le confort. Sa posture change, se ramollit. L'enfant devient de plus en plus maladroit : il se cogne contre tout et tombe plus souvent, ses mouvements sont lents et manquent de coordination. Il doit fournir des efforts accrus pour terminer ce qu'il entreprend.

Observez son comportement

La fatigue se manifeste également par un comportement désagréable. Il se fâche plus facilement. La plupart des stimuli qui le font normalement réagir n'ont plus d'effets sur lui. Il se désintéresse progressivement de tout et se concentre plus difficilement. Signes de fatigue encore plus évidents, les pleurs (parfois sans larme) se font entendre. Évidemment, si vous ne couchez pas l'enfant, ceux-ci vont inévitablement s'accentuer.

Plusieurs enfants deviennent très bruyants et surexcités lorsqu'ils sont fatigués. Leurs cris, leurs sauts, leurs courses et leurs mouvements brusques dérangent alors fréquemment les autres membres de la famille. S'ils sont trop longtemps laissés à eux-mêmes, ils seront difficiles à contenir et à calmer.

D'autres réclament l'attention d'un adulte et veulent se faire prendre quand ils ressentent de la fatigue. Par ailleurs, certains enfants disposent déjà de ressources intérieures : ils expriment leur fatigue, mais semblent trouver en eux-mêmes les moyens de se calmer, de se reposer et de se mettre à l'aise. Par exemple, ils se berceront ou ils prendront leur objet de transition (une couverture, un toutou, etc.). Cette aptitude à l'autonomie mérite des encouragements. L'admiration et la satisfaction de leurs parents les aideront à « fixer » ce comportement et à l'adopter au moment où ils auront sommeil.

L'OBJET DE TRANSITION

Vers le huitième ou le neuvième mois, le bébé croit que sa mère disparaît lorsqu'elle n'est plus dans son champ de vision. Pour soulager son angoisse d'être séparé de celle-ci, le bébé adopte un objet de prédilection tel qu'une couverture, un coussin, une peluche, un tissu, etc. Ce dernier devient rapidement important et joue le rôle de substitut de sa mère quand elle est absente. Cet objet devient son *doudou*.

Le doudou a été défini comme un « objet transitionnel[*] » par Donald W. Winnicott en 1951. Il symbolise le

---

[*] Donald Woods Winnicott, *De la pédiatrie à la psychanalyse*, Paris, Payot, 1989.

lien entre la mère et l'enfant et sert à réconforter celui-ci. Le doudou n'est pas un jouet. Cet objet, de texture et d'odeur particulières, est indispensable à l'endormissement de certains enfants. Il s'agit habituellement d'un objet mou se moulant facilement au corps et se transportant aisément. L'enfant peut s'y attacher pendant plusieurs années, parfois jusqu'à l'âge de 7 ans ou même davantage ! Pour qu'un objet soit promu au rang de « doudou suprême », il doit être choisi ou créé par l'enfant.

Environ 1 enfant sur 2 possède un doudou. Si c'est le cas du vôtre, voici quelques conseils précieux :

- coudre une étiquette sur son doudou avec son nom et votre numéro de téléphone, pour augmenter les chances de le retrouver en cas de perte ;

- acheter un doudou identique afin de remplacer le premier en cas d'usure ou encore afin de le nettoyer sans en priver l'enfant ;

- le donner à réparer quand il est usé et, surtout, ne jamais le jeter sans l'autorisation de votre enfant ;

- y faire une marque distinctive, surtout s'il l'apporte à la garderie. Si le doudou est une couverture (50 % des cas), on peut, par exemple, en nouer l'un des coins ou encore y coudre l'image de l'un de ses héros préférés. Il sera ainsi plus facile à repérer.

Certains parents sont mal à l'aise devant l'usure ou la propreté douteuse du doudou de leur enfant. Qu'ils se rassurent : un vrai doudou est le plus souvent informe, usé et sale, puisqu'il accompagne l'enfant en tout temps et en tout lieu pendant une certaine période.

Si votre tout-petit réclame son doudou, le complice de ses nuits, c'est peut-être le signe qu'il est fatigué. Évidemment, si celui-ci accompagne votre enfant partout, il sera très difficile d'associer son désir de doudou à un besoin de repos. Il est donc recommandé de le laisser dans son lit. L'enfant pourra l'y reprendre en cas de chagrin, mais donnez néanmoins la priorité aux mots : demandez-lui d'abord d'expliquer ce qui ne va pas. Ensuite, il pourra se consoler un peu dans sa chambre avec son doudou. Puis, il reviendra vite et... sans doudou.

En d'autres mots, un vif désir de doudou n'indique pas nécessairement un immense besoin de repos, cette exigence de l'enfant pouvant venir d'un besoin accru de se sentir en sécurité. Voici, toutefois, quelques critères pour déterminer si un enfant dort suffisamment :

- s'il se lève sans trop de difficulté le matin ;

- s'il passe une bonne journée physiquement, émotivement et intellectuellement ;

- s'il n'est pas surexcité le soir venu.

En résumé, voici un tableau énumérant les signes de fatigue chez l'enfant.

Les signes de fatigue chez l'enfant

Profil
Bâillements successifs – Yeux qui clignent, démangent, coulent, rougissent, basculent vers l'arrière – Regard vague – Paupières lourdes – Frottements des yeux, du nez ou des oreilles – Changement fréquent de posture – Diminution du tonus musculaire – Manque de coordination motrice – Ralentissement des mouvements – Gestes saccadés – Maladresse générale

43

Comportement
Difficulté de concentration – Seuil moins élevé de tolérance aux frustrations – Mécontentement exprimé avec plus d'intensité – Surexcitation – Baisse d'énergie – Impatience – Assoupissement sur le sol – Tendance à appuyer sa tête – Succion du pouce (ou de la tétine) – Recherche de l'objet de transition (doudou) – Pleurs (avec ou sans larmes) – Désir de se faire prendre ou bercer

Une fois ces signes de fatigue observés, la mise en place d'un rituel du coucher permet un moment d'intimité privilégié entre l'enfant et ses parents. Ce rituel facilite leur séparation au moment du dodo.

Chapitre 3

LE RITUEL DU COUCHER

Dans une société axée sur la productivité, la rentabilité et la performance, le sommeil fait figure d'intrus. Il est le laisser-aller, le lâcher-prise, l'ennui, le temps mort. Y a-t-il encore place pour un temps d'arrêt ? Non seulement les chaînes de télévision et de radio diffusent-elles en continu, mais l'obscurité n'existe même plus grâce à l'ingéniosité de Thomas Edison* (qui ne dormait d'ailleurs que 2 heures par nuit !). Dans ces conditions, comment aborder le vide apparent du sommeil ?

Aujourd'hui, fort heureusement, les livres abondent sur la détente, la sieste, la tranquillité et sur l'importance de liens familiaux. Le rituel du coucher réunit tous ces thèmes : il offre un temps de répit avec son enfant. C'est le moment de se divertir calmement, de s'adonner à des jeux d'eau dans le bain, de regarder des photos, de lui parler de sa journée sous les couvertures, de jouer avec une lampe de poche dans le lit et de lui faire des câlins. En fait, le but est de créer une ambiance de détente propice aux rapprochements, à la tendresse, aux confidences et enfin à l'endormissement.

---

* Thomas Alva Edison, inventeur américain (1847-1892), a conçu l'ampoule électrique en 1879.

UN MOMENT PRIVILÉGIÉ

Le rituel du coucher marque la transition de l'éveil au sommeil et devient pour l'enfant une source de sécurité et de réconfort. Une routine peut être instaurée pour un enfant âgé de 12 à 18 mois et elle est encore plus importante pour un enfant entre 2 et 4 ans. L'objectif d'une routine pour le coucher est de réduire progressivement la stimulation et de permettre à l'enfant de se détendre pour ensuite trouver le sommeil. En fait, ce ne sont pas les éléments de la routine qui prédisposent au sommeil, mais plutôt le réflexe conditionné créé par cette répétition de gestes et d'activités, dont la finalité est l'endormissement.

Le réflexe conditionné est une réaction involontaire acquise, donc non innée, mise en évidence par Pavlov[*] grâce à l'étude expérimentale de l'activité des glandes salivaires du chien. Dans le cadre de son expérience, qui l'a d'ailleurs rendu célèbre, Pavlov prélevait des échantillons de salive d'un chien. Pour activer sa salivation, il lui apportait de la nourriture. Après quelques jours, il se rendit compte que le chien commençait à saliver sans même voir la nourriture, seulement en entendant les pas de celui qui lui en apportait. Pavlov décida alors de faire retentir une cloche juste avant le repas du chien. Peu après, celui-ci commença à saliver au son de la cloche.

Ainsi, dans la même mesure, un enfant peut être en quelque sorte conditionné malgré lui et, au terme d'actions précises et répétitives, en arriver à éprouver un besoin de sommeil. Le rituel est donc une forme de conditionnement.

Certaines activités, telles que batailles et chatouillis, sont à proscrire avant le repos. La surexcitation n'épuise pas toujours les enfants. Au contraire, elle est même susceptible

---

[*] Pavlov Ivan Petrovitch, médecin et physiologiste russe (1849-1936), a établi les notions de réflexe conditionné et d'activité nerveuse supérieure.

de les rendre nerveux et irritables. C'est pourquoi bon nombre de parents et d'éducateurs préfèrent lire des histoires, discuter ou chanter, alors que l'enfant est dans sa chambre ou, mieux encore, installé dans son lit.

À titre d'exemple, votre enfant peut :

- chaque soir, à la même heure, apporter dans son lit son ou ses jouets préférés ;

- recevoir à boire avant d'aller au lit, préférablement chaque fois dans le même verre ;

- jouer chaque soir avec les mêmes jouets dans le bain ;

- demander qu'on lui raconte la même histoire ou qu'on lui chante la même chanson ;

- réciter une prière, toujours la même, dans laquelle tous les membres de sa famille, lui-même compris, sont protégés et bénis ;

- cajoler sa couverture préférée, son doudou ou un toutou avant d'aller au lit ;

- regarder un album de photos en vous écoutant lui raconter un épisode de son enfance ;

- recevoir un massage, de préférence la même suite de gestes se terminant toujours de la même façon : par exemple, des petits baisers dans le dos.

Le rituel idéal est celui qui permet à l'enfant d'aller au lit sur une note positive. Les parents peuvent prendre l'habitude de dire chaque soir à l'enfant ce qu'ils aiment de lui ou encore de lui dire un mot doux. De telles paroles d'amour favorisent les beaux rêves.

CONSTANCE ET ENCADREMENT

Les rituels rendent l'heure du coucher plus agréable. Encouragez-les. Toutefois, ne laissez pas votre enfant allonger et complexifier déraisonnablement ces rituels. Ainsi, rien ne vous empêche d'embrasser, par exemple, son ourson, mais ne laissez pas votre tout-petit vous entraîner dans un rituel de baisers qui vous obligera à embrasser tous ses jouets ainsi que tous les personnages de ses livres ou du papier peint de sa chambre ! D'autres rituels impliquent une série interminable de collations ou de retour aux toilettes. C'est à vous d'établir des limites et de les faire respecter.

Dans toute démarche éducative, une bonne part de la réussite repose sur l'application de certaines règles. Le sommeil ne fait pas exception. Voici quelques règles à respecter qui feront du rituel du coucher un moment privilégié... et agréable :

- Le rituel du sommeil étant primordial pour l'enfant, il faut lui consacrer un minimum de temps (environ 15 à 20 minutes) et éviter de le bâcler. Plus l'enfant sentira chez son parent l'envie d'écourter cette période, plus il résistera. Il pourrait en ressentir une insécurité et une inquiétude qui l'empêcheront d'assumer la solitude du sommeil.

- Adopter un horaire stable. La première recommandation des spécialistes du sommeil aux parents est de donner à leur enfant un rythme de vie régulier : des repas à heures fixes ; des sorties toujours planifiées au même moment de la journée et un rituel du coucher bien observé.

- Même si l'un des deux parents rentre tardivement, il faut éviter de modifier le rituel. Une telle

48

modification risquerait de stimuler inutilement l'enfant avant le coucher et d'empiéter sur son temps de sommeil.

- Parlez à vos enfants de vos attentes à l'égard du sommeil. Les enfants, quel que soit leur âge, comprennent beaucoup plus que ne le laisse croire le stade de développement de leur langage.

- Les préparatifs du dodo doivent avoir un début et une fin. Ne pas excéder 30 minutes. Ce temps est suffisant pour permettre à l'enfant de se détendre. Il y a de fortes probabilités pour qu'il teste votre autorité et essaie de prolonger ce moment. Là encore, il faut parler avec lui et lui annoncer que c'est la dernière histoire ou la dernière petite chanson, puis l'embrasser, lui souhaiter une bonne nuit et éteindre la lumière. Les premières fois, il insistera peut-être pour étirer le rituel, mais votre fermeté le dissuadera de s'y essayer au-delà de quelques soirs. S'il n'en est rien, vous devrez revoir votre façon de faire.

- L'enfant doit être mis au lit alors qu'il est encore éveillé. Pour bien dormir, il doit retrouver, au moment de ses réveils nocturnes, l'environnement dans lequel il s'est endormi, notamment son lit et sa chambre.

Qu'en est-il de la télévision durant la période précédant le coucher de votre enfant ? Une étude publiée dans la revue *Pediatrics* démontre que les enfants qui regardent beaucoup la télévision, surtout avant le coucher, éprouvent des difficultés de sommeil : ils rechignent pour aller au lit, ont moins de facilité à s'endormir et dorment moins longtemps. En fait, la télévision s'avère une véritable dévoreuse de sommeil.

Selon Judith Owens, directrice de la recherche, la télévision, généralement associée à la relaxation chez les adultes, provoquerait l'effet inverse chez les enfants. Son équipe a réalisé une étude sur la qualité du sommeil et les habitudes télévisuelles de 495 enfants d'âge préscolaire et scolaire. En voici les résultats[*] :

- Plus de 25 % des enfants possèdent un téléviseur dans leur chambre.

- 76 % des parents déclarent que la télévision fait partie du rituel du coucher de leur enfant.

- 16 % des parents affirment que leur enfant s'endort devant la télévision au moins 2 soirs par semaine.

- 40 % des parents ont observé au moins un trouble du sommeil chez leur enfant, notamment une difficulté à s'endormir.

Cette recherche a le mérite de sensibiliser les parents sur l'impact potentiellement négatif de la télévision à l'heure du coucher, celle-ci étant vraisemblablement le principal déclencheur des perturbations du sommeil.

En résumé, un rituel du coucher bien encadré devient un moment de complicité privilégiée entre parents (ou éducateurs) et enfants. Il contribue à rassurer les tout-petits et les aide à plonger en toute sécurité dans un sommeil paisible et réparateur.

---

[*] *Pediatrics*, vol. 104, n° 3, septembre 1999, p. 27.

Chapitre 4

LA SIESTE

Le mot *sieste* vient de l'expression latine *sexta hora* qui veut dire « sixième heure ». Originellement, ce repos était prévu 6 heures après le lever du soleil, au mitan de la journée. Même si elle est en vogue dans plusieurs pays, dont les pays chauds en raison justement de la chaleur, nos conditions de vie, en Amérique du Nord, nous empêchent le plus souvent de la pratiquer. Pourtant, une étude menée par la NASA[*] a permis de constater qu'après une sieste, la somnolence est considérablement réduite et les performances s'améliorent de 40 %.

À Zurich, en Suisse, un des centres économiques les plus actifs, un lieu public réservé à la sieste, un « Restpoint[**] », a été mis en place en 2001. On y trouve 16 pièces munies d'un lit simple prêtes à accueillir ceux qui veulent y faire une pause régénératrice. Des conseils sur la relaxation et le sommeil sont également dispensés par l'équipe de responsables. Celle-ci est même disponible pour aider les compagnies désireuses d'aménager une aire de repos. On est bien loin de ces initiatives dans nos firmes québécoises !

---

[*] Miguel Mennig, *Le sommeil, mode d'emploi*, Paris, Eyrolles, 2004, p. 137.

[*] *Ibid.*, p. 136.

L'HORLOGE INTERNE

Étant donné nos vies effrénées, heureusement que l'épiphyse, une petite glande située dans le cerveau, sert d'horloge biologique et régularise notre cycle veille-sommeil, ce qui nous évite d'avoir l'air de véritables zombies. En fait, le cycle de 24 heures imposé par la rotation de la Terre sur elle-même vient régler notre horloge biologique interne. Cette horloge biologique est liée à la rétine, qui perçoit la luminosité.

Nous savons maintenant que la lumière, plus particulièrement celle du soleil, agit grandement sur le cycle veille-sommeil. C'est donc par le degré d'exposition à la lumière que sont déterminés les épisodes de sommeil et d'éveil. Toutefois, les recherches sur le sommeil ont établi que l'horloge interne de l'être humain est réglée sur un temps de 25 à 26 heures. En effet, au cours d'une expérience[*] menée en 1962, un homme, Michel Siffre, a séjourné dans une grotte pendant 2 mois, complètement isolé de toute référence temporelle artificielle ou naturelle. Or, lui non plus n'a pu s'affranchir de la règle biologique des 25-26 heures. Toutefois, la vie en société, marquée continuellement par des repères temporels, tels les horaires de travail, nous oblige à nous ajuster à 24 heures.

Tous les organismes vivants obéissent à des rythmes biologiques précis. L'alternance veille-sommeil, comme la plupart des fonctions physiologiques, est soumise au rythme circadien (24 heures), c'est-à-dire au cycle du jour et de la nuit. Chez le bébé, ce rythme n'est pas inné, il s'installe progressivement et spontanément selon deux processus complémentaires. D'une part, ce rythme est régulé par l'horloge biologique interne, qui joue un rôle prépondérant, son repère le plus évident étant la clarté du jour. Par conséquent, non seulement, la nuit il fait sombre et les activités sont réduites, mais

---

[*] *Ibid.*, p. 18.

il vaut mieux en profiter pour dormir. D'autre part, ce même rythme se soumet aux contraintes sociales et, pour les enfants, ces contraintes dépendent en grande partie des adultes. Il y a des temps de promenade, des temps de jeux, du va-et-vient et il est donc intéressant pour le bébé de rester éveillé.

L'alternance veille-sommeil évolue rapidement au cours de la première année. Dès le troisième mois, 70 % des bébés dorment déjà de 8 à 9 heures d'affilée la nuit ; à 6 mois, ils sont 83 % à dormir autant et, à 1 an, 95 % environ[*]. À cet âge, la plupart des enfants font une longue nuit, une courte sieste le matin et une autre de 2 heures en moyenne après le repas du midi.

De toutes les fonctions biologiques régulées par un rythme circadien, la température du corps est l'une des plus prévisibles. Après avoir atteint son plus bas niveau vers 4 heures du matin (ce qui passe inaperçu chez la plupart des gens puisqu'ils dorment déjà à ce moment), elle augmente progressivement juste avant l'éveil matinal, atteint un maximum en début de soirée et recommence à descendre par la suite. La température du corps fait donc écho à nos besoins de sommeil. Phénomène étonnant, on a observé une diminution de la température du corps après le repas du midi, faisant ainsi de ce moment un instant privilégié pour une sieste.

L'IMPORTANCE DE LA SIESTE

La planification des siestes est importante, elle doit s'ajuster en fonction de l'âge et des besoins de sommeil de l'enfant. Le nombre de siestes dans la journée varie selon l'âge de l'enfant. Si certains enfants souhaitent abandonner la sieste dès l'âge de 2 ans, une période de repos (en s'étendant

---

[*] Dr Marcel Rufo et Christine Schilte, *Bébé dort bien*, Paris, Hachette Pratique, 2004, p. 42.

sur un matelas sans dormir) pourra très bien la remplacer. D'ailleurs, il ne sera pas rare de les voir s'endormir à ce moment. Combien de siestes l'enfant doit-il faire par jour ? Voici quelques repères pour le déterminer :

- De 0 à 3 mois : 4 à 6 périodes de sommeil dans la journée. En fait, le bébé ne devrait pas être maintenu éveillé plus de 2 heures consécutives, avant l'âge de 6 ou 7 mois.

- De 4 à 7 mois : une sieste le matin, une en début d'après-midi et une autre en fin d'après-midi.

- De 8 à 16 mois : une sieste en matinée et une autre en début d'après-midi.

- À partir de 18 mois : une sieste en début d'après-midi.

- Entre 2 et 3 ans : une sieste en début d'après-midi. À noter : si la sieste est commencée vers 12 h 30 ou 13 h et qu'elle se termine au plus tard à 15 h, elle ne nuira pas au dodo de nuit.

- Entre 4 et 5 ans : une période de repos de 45 minutes sur un matelas, sans jouet ni livre d'histoires.

- Vers l'âge de 5 ans : abandon de la sieste. Cependant, certains professeurs de la maternelle intègrent un moment de détente après le repas du midi où à un autre moment de la journée si les enfants sont très agités. À défaut de locaux aménagés, ils imposent un temps d'arrêt obligatoire : assis à leur petite table, les enfants ferment les yeux et appuient la tête sur leurs bras.

Chez les enfants, bien souvent, le refus de faire la sieste n'est qu'un jeu consistant à s'opposer aux règles établies. Ainsi, ils s'affirment en tant qu'individus dotés d'un caractère et d'une personnalité. Il est suggéré aux adultes (parents et éducateurs) d'accepter qu'un enfant refuse de faire la sieste : on ne peut forcer quelqu'un à dormir. Mais ATTENTION, il est primordial d'instaurer un temps de repos où l'enfant se trouve allongé sur son matelas ou dans son lit, les yeux ouverts s'il le désire, mais sans aucune stimulation de quelque sorte (jouet, livre ou autre). Après 45 minutes de repos sans bruit, l'enfant qui ne s'est pas assoupi sera autorisé à se lever. Dans un centre de la petite enfance, ces enfants pourraient s'adonner à une activité calme telle que lire, faire un casse-tête ou colorier, jusqu'à ce que les autres soient éveillés.

Si votre enfant ne veut plus faire de sieste et qu'aucune période de repos n'a été instaurée pour la remplacer, il faut veiller à ce qu'il n'accumule pas un déficit de sommeil. Certains symptômes pourront révéler le manque de repos. Contrairement à l'adulte, dont le manque de sommeil se traduit par de la fatigue et une somnolence diurne, chez les enfants, la somnolence n'est pas toujours le signe prépondérant. Il faut être attentif à des signes tels que :

- l'hyperexcitabilité ;
- l'irritabilité ;
- les colères ;
- l'intolérance aux frustrations ;
- l'intolérance au changement ;
- les pleurs ;
- une humeur changeante.

Les conséquences d'un manque de sommeil chez l'enfant sont nombreuses. Il est totalement faux de croire qu'un enfant privé de sa sieste s'endormira plus facilement le soir venu. Au contraire, l'excès de fatigue peut retarder l'endormissement : la soirée risque d'être épuisante pour lui et éprouvante pour ses parents. Plus le niveau de fatigue est élevé, plus il est difficile de s'endormir : cette règle se vérifie tant pour les jeunes que pour les adultes. Par ailleurs, un enfant que l'on empêche de faire la sieste s'habitue à lutter contre la fatigue et a donc plus de difficulté à s'abandonner aux bienfaits du sommeil.

Parmi les conséquences néfastes d'un déficit de sommeil chez l'enfant, on remarque : une diminution des capacités d'apprentissage et d'attention ; une difficulté à s'adapter aux nouvelles situations et un affaiblissement du système immunitaire (l'enfant est donc plus vulnérable aux infections de toutes sortes).

Afin que la sieste soit profitable, deux points doivent être respectés :

- La sieste de l'après-midi doit suivre le repas du midi, sinon l'enfant dormira trop tard dans l'après-midi. Or, pour bien dormir la nuit, il faut un temps de veille suffisamment long entre la dernière sieste et le moment du dodo en soirée.

- La sieste ne doit jamais être associée à une punition par des propos tels que : « Si tu n'es pas sage, tu iras faire la sieste. » Ou encore : « Tu es infernal aujourd'hui, va faire la sieste. » Il ne faut pas davantage qu'elle soit associée au statut de bébé : « Tu es un bébé, il est normal que tu fasses une sieste. » La sieste est alors mal vécue et ne représente plus une pause bénéfique dans l'activité de la journée.

L'exemple des adultes, si précieux dans l'apprentissage chez les enfants, ne peut être que bénéfique : montrons à nos enfants que nous aimons faire la sieste et que nous nous y adonnons dès que nous en avons l'occasion.

En résumé, voici un tableau indiquant la moyenne des heures de sommeil diurne et nocturne d'un enfant.

Durée moyenne de sommeil

Âge	Sommeil nocturne	Sommeil diurne (siestes)	Commentaires
1 sem.	8 à 10 h	8 à 10 h	Sommeil ponctué de nombreux réveils.
1 mois	8 à 10 h	7 à 9 h	Dort durant des périodes de 3-4 h.
3 mois	9 à 12 h	5 à 6 h réparties en 4 à 6 siestes	Différencie la nuit du jour.
6 mois	11 à 13 h	3 à 4 h réparties en 3 siestes	Une sieste le matin, une en début d'après-midi et une courte sieste (environ 30 à 45 min) en fin d'après-midi
De 9 à 17 mois	11 à 12 h	2 à 4 h réparties en 2 siestes	Une sieste en matinée (entre 8 h 30 et 10 h 30) et une en début d'après-midi (entre 12 h 30 et 15 h)
18 mois	11 à 12 h	2 à 3 h en 1 sieste	Une longue sieste en début d'après-midi (entre 12 h 30 et 15 h)
De 2 à 3 ans	11 à 12 h	1 à 2 h	Une sieste en début d'après-midi (entre 13 h et 15 h)
De 4 à 5 ans	11 à 12 h	5 à 30 min	Détente après le repas du midi (environ 45 min)

Âge	Sommeil nocturne	Sommeil diurne (siestes)	Commentaires
De 6 à 12 ans	10 à 12 h	–	Les heures de sommeil peuvent diminuer d'environ 15 min par année. L'heure du coucher est déterminée en fonction des besoins de sommeil de l'enfant et de l'heure obligatoire du lever pour l'école.
De 13 à 16 ans	9 à 11 h	–	Les adolescents ne dorment pas assez la semaine. Il n'est pas rare de les voir dormir près de 14 h la fin de semaine pour récupérer.

Ce tableau sert de guide pour connaître les besoins de sommeil de votre enfant. Par exemple, si votre enfant de 2 ans dort seulement 8 heures par nuit, ne veut plus faire de siestes et se comporte bien durant la journée, il est tentant de conclure qu'il n'a pas besoin de plus de sommeil. Détrompez-vous : 8 heures de sommeil sont rarement suffisantes pour un enfant de cet âge. Il faudra augmenter sa quantité de sommeil en ajustant ses horaires de sieste et de coucher. Vous remarquerez alors une amélioration générale de son comportement. Vous découvrirez rétrospectivement des signes de manque de sommeil, plus subtils, qui étaient sans doute présents avant la modification de son horaire de sommeil, mais qui n'avaient pas retenu votre attention (propension à faire des caprices, tendance à avoir des accidents, disputes plus fréquentes, etc.).

Chapitre 5

LES CONDITIONS D'UN BON SOMMEIL

Après un moment d'activité, se glisser dans un lit chaud et confortable, dans un lieu peu éclairé et silencieux, est l'une des plus simples expressions de l'art de vivre au quotidien. Un enfant qui dort bien va au lit sans réticence, s'endort paisiblement et se réveille de bonne humeur le matin. Cet enfant est plus facilement joyeux durant la journée, tandis que celui qui dort mal se montre plus souvent irrité et mécontent. C'est pourquoi il est essentiel de s'assurer que toutes les conditions favorables seront mises en place pour aider votre bébé à dormir. Ce sera bénéfique pour vous comme pour lui.

PRÉPARATION AU SOMMEIL

L'heure qui précède le sommeil a une grande importance sur les plans physique et affectif. Pour faciliter l'endormissement, le tonus musculaire doit se relâcher et la température corporelle, s'abaisser. Bien qu'un bain chaud augmente la température du corps, cette hausse thermique est immédiatement suivie d'une diminution favorable au sommeil. De plus, le bain relaxe et établit un rapport au corps différent de celui que l'enfant a connu au cours de la journée. Le moment du bain permet les contacts de peau à peau et la main qui lave dessine les contours d'un corps que le bébé perçoit de mieux en mieux comme le sien. Les caresses et les mots tendres qui souvent les accompagnent rassurent l'enfant sur l'amour qu'on lui porte.

L'alimentation aussi est à surveiller avant le coucher. Le moment de se nourrir et le type d'aliment sont des facteurs importants. Un léger goûter avant le sommeil peut faciliter l'endormissement, mais un repas copieux produira l'effet inverse. La stimulation du système digestif nuit à l'endormissement et à la qualité du sommeil. Une collation légère peut contenir : un fruit, un légume cru ou un jus de fruits non sucré*. Si l'enfant refuse ce type d'aliments, sans doute que sa petite fringale avant d'aller dormir n'a rien à voir avec un besoin alimentaire.

Qu'en est-il du verre de lait dont nos mères vantent tant les bienfaits pour les bébés à l'heure du coucher ? Théoriquement, grâce au tryptophane (un acide aminé naturel) présent dans le lait et les autres produits laitiers, il devrait favoriser le sommeil. Toutefois, s'il y a intolérance au lactose, l'ingestion de produits laitiers sera, au contraire, responsable de gaz, de ballonnements, de diarrhées et de crampes d'estomac. Une précaution s'impose à ce sujet.

L'idéal est d'éviter toute nourriture et tout liquide dans les 30 dernières minutes avant d'aller dormir : certains aliments étant plus ou moins difficiles à digérer, ils peuvent causer un inconfort, provoquer des éveils nocturnes et même des cauchemars.

Il convient aussi de favoriser un environnement apaisant en diminuant les sources de bruit : discussions tapageuses, querelles ou musique trop forte. De même, pour

---

* Le sucre raffiné (biscuits, gâteaux, etc.) est à éviter en raison de son effet stimulant sur l'organisme.

diminuer progressivement les stimulations sensorielles, il importe, le soir à la maison, de réduire graduellement la luminosité en abaissant les toiles ou les rideaux. Lorsque les bâillements arriveront, encouragez-les et bâillez avec lui. Une ambiance calme et une atmosphère feutrée favorisent le recueillement et l'évacuation de tous les stress. Prendre la direction de la chambre lorsque les bâillements se font plus nombreux ne suscite alors aucune réticence.

Un enfant ne peut s'endormir sereinement que s'il a eu, pendant la journée, sa dose d'affection. Voilà pourquoi il est essentiel d'inclure des moments de tendresse dans le rituel du coucher : une histoire, des câlins, un bercement ou des gestes rassurants qui prouvent à l'enfant qu'il est aimé.

On croit trop souvent que les tout-petits peuvent dormir n'importe où. Ce n'est pas exact. De nombreux facteurs environnants viennent perturber ou interrompre leur sommeil. L'environnement immédiat doit être propice au sommeil et la chambre à coucher doit inciter au repos en étant à la fois accueillante et fonctionnelle. Voici quelques facteurs propices à cette fin :

- La couleur de la chambre doit être douce. Dans le choix du papier peint, assurez-vous que les coloris n'agressent pas les yeux.

- La literie doit être confortable, souple, douce et convenir à la saison.

- Les vêtements de nuit ne doivent pas être trop serrés au niveau des poignets, de la taille ou des chevilles. Pas de gros boutons ni quoi que ce soit de saillant qui pourrait gêner les mouvements.

- Bien dormir requiert une bonne aération de la chambre. Renouvelez régulièrement l'air de celle-ci en ouvrant la fenêtre, préférablement en dehors des heures de sommeil du bébé, car les bruits de l'extérieur risquent de nuire à son sommeil.

- Un certain taux d'humidité dans la chambre est important pour empêcher les muqueuses du nez et de la gorge de s'assécher. Un taux de 60 à 70 % est recommandé. On peut envisager d'utiliser un humidificateur au besoin, durant les saisons où l'atmosphère est sèche, par exemple. Sans cela, il est tout aussi efficace (et souvent moins encombrant) de déposer dans la chambre, le soir venu, une serviette mouillée (pliée en quatre et légèrement essorée) dans un contenant et de la laisser tout simplement sécher au grand air.

- Une chaleur excessive empêche un bon repos. La température idéale à maintenir dans la chambre se situe entre 16 °C et 19 °C.

- Afin de diminuer les problèmes d'allergies, supprimez les tapis, réduisez le nombre de peluches, du moins dans son lit et, surtout, évitez qu'un animal domestique ne dorme avec votre enfant. Il a été prouvé que la présence d'un animal dans un lit au moment du dodo entrave la qualité du sommeil.

Les conditions d'un bon sommeil ne sont pas que matérielles, physiologiques et affectives. Certaines règles de base doivent aussi être respectées pour mettre en place de bonnes habitudes de sommeil.

LES ENNEMIS ET LES ALLIÉS DU DODO

L'enfant peut connaître des nuits agitées et des difficultés d'endormissement, d'où l'importance de connaître les facteurs favorables et défavorables à un bon sommeil.

Découvrons tout d'abord les quatre ennemis du sommeil.

A) Les attentes irréalistes

N'exigez pas que votre enfant s'endorme automatiquement en se couchant. En grandissant, l'enfant met davantage de temps à s'endormir. Il peut mettre entre un quart d'heure et une heure, comparativement à l'adulte dont le temps d'endormissement moyen est de 20 minutes. Si aucun moment de détente n'a été prévu avant le coucher, le sommeil peut être long à venir. Certains parents surveillent à la porte de la chambre afin de s'assurer que leur bambin s'endorme : inutile de vous inquiéter, il tombera inévitablement dans les bras de Morphée lorsque son train du sommeil passera.

B) Le défoulement avant le dodo

Jouer avec son enfant durant la journée est un bon moyen de le « fatiguer » pour qu'il s'endorme plus facilement le soir venu. Attention toutefois au dosage. Lui imposer des activités physiques exigeantes avant l'heure du coucher serait une erreur. Cette pratique accroîtrait l'irritabilité de l'enfant et, par conséquent, celle de l'adulte. Un enfant calme au moment de l'endormissement aura un meilleur sommeil que celui qui s'endort exténué par une trop grande dépense d'énergie. Le calme est l'attitude qui prédispose le mieux votre enfant au sommeil. Toutefois, pour exiger d'un enfant qu'il soit calme, il faut l'être soi-même. Pour établir un climat paisible, il peut être avantageux d'évoquer ensemble des moments de plaisir ou de bonheur partagé. Cette simple évocation peut être suffisante pour calmer l'enfant et l'adulte.

C) L'inconstance dans les règles régissant le coucher

Certains parents ont beaucoup de mal à être constants dans l'application de la routine du sommeil de leur enfant. Pour acheter la paix, les soirs où ils sont épuisés, ils vont obtempérer à une demande qu'ils ont l'habitude de refuser : par exemple, laisser l'enfant s'endormir près d'eux sur le canapé. Il est alors certain qu'il formulera la même requête le lendemain et le surlendemain. Ensuite, les soirs où vous refuserez feront du moment qui précède le coucher un temps de lutte et d'agitation. Le sommeil de l'enfant en souffrira forcément. Par ailleurs, si vous dites oui soir après soir, vous lui inculquerez une très mauvaise habitude de sommeil. De fait, des études suggèrent que des règles fermes dans l'éducation générale de l'enfant concourent à un meilleur développement intellectuel et qu'un manque de discipline dans la vie de l'enfant semble davantage associé à la délinquance ou aux comportements agressifs.

D) L'assistance pour s'endormir

La première règle d'or à inculquer à un bébé dès la naissance est de lui apprendre à s'endormir seul sans aide extérieure, même s'il pleure un peu. Les parents ont tendance à bercer l'enfant, à lui parler, à le tapoter légèrement, à lui flatter le dos ou lui tenir la main jusqu'à ce qu'il s'endorme. L'aider systématiquement à s'endormir, c'est le maintenir dépendant d'une présence pour trouver le sommeil. Par ailleurs, il arrive que certains bébés réclament leurs parents la nuit en passant d'une phase de sommeil à l'autre. De nombreux parents tombent dans le piège et se précipitent dès que leur enfant se réveille. Essayez de patienter un peu en attendant 5 minutes avant d'aller le voir. Vous constaterez peut-être qu'il peut se rendormir seul.

Voyons maintenant les quatre alliés du sommeil.

A) Un horaire régulier

Les enfants ont besoin d'une vie bien structurée. Ils font chaque jour de nouvelles expériences et relèvent de nouveaux défis. En vieillissant, ils doivent répondre à des attentes sans cesse grandissantes et ils sont de plus en plus exigeants envers eux-mêmes. Pour compenser ces bouleversements dans leur vie, ils ont besoin de solides points d'appui. Une routine régulière leur procure un sentiment de sécurité dans une période de leur vie riche en stimulations. D'ailleurs, ils apprécient la routine et certains sont même ébranlés dès qu'on y déroge. Ainsi, l'heure du coucher et des repas est sacrée. Les parents qui en modifient l'horaire s'en mordent parfois les doigts. Par ailleurs, un bébé dont l'horaire de sommeil est régulier dort plus longtemps la nuit, fait de longues siestes au lieu de multiplier les petits sommes. La régularisation de son sommeil est facilitée s'il dort toujours dans la même pièce, car il en vient à associer ce lieu au sommeil.

B) Des limites fermes

À l'heure du coucher, il est fréquent que parents et enfants se livrent des combats. L'instauration de limites peut éviter nombre de ces petites guerres au moment d'aller au lit. Si aucun encadrement n'est mis en place, par exemple si le rituel du coucher est changeant, l'enfant risque de faire monter les enchères : « Encore un baiser... Encore une histoire...

Encore un petit baiser... Un petit... Le dernier... Puis encore un... » Ce chantage, délicieux au début, doit être circonscrit par les parents. Ils doivent apprendre, quand c'est nécessaire, à dire fermement : « Non, ça suffit comme ça, maintenant c'est terminé, bonne nuit. » Les parents doivent être constants dans leur comportement. Si maman refuse le dernier verre d'eau et que papa laisse l'enfant se lever pour en prendre un lorsqu'il s'en occupe, l'enfant ne saura plus sur quel pied danser. Par contre, si les deux parents sont fermes et qu'ils adoptent les mêmes règles, l'enfant apprendra vite à ne plus se relever une fois couché.

C) La sensibilisation aux bienfaits du sommeil

La satisfaction de trois besoins est essentielle à notre survie : manger, respirer et dormir. Nous n'hésitons pas, lorsque notre enfant ne mange pas bien, à lui expliquer les bienfaits des aliments et leur importance pour sa croissance. Il en va de même lorsqu'un bébé a des problèmes respiratoires, on lui expose qu'on doit le moucher ou qu'on doit utiliser des pompes pour améliorer sa respiration. Par contre, quand prenons-nous le temps de lui expliquer l'importance de son sommeil ? Dites-lui ce qui se passe durant son sommeil : « Tu grandis en dormant. Ton corps se répare et se construit. Pendant que tu dors, ton cerveau produit une substance qui te fait grandir. Lorsque tu dors, tu ranges dans ta mémoire ce que tu as appris, ce qui fait que tu es meilleur le lendemain. » Les enfants comprennent beaucoup plus qu'on ne l'imagine. De plus, une bonne image du sommeil s'inculque par l'exemple. En effet, des parents qui ont un bon rapport avec le sommeil et qui aiment dormir seront forcément plus à même de convaincre leur enfant de la joie que procure le sommeil quand on est bien fatigué. Dormir n'est donc plus, alors, la punition des petits, mais plutôt un moyen de grandir en taille et en intelligence.

D) Bouger, courir, s'époumoner... au grand air !

A-t-on déjà entendu un athlète se plaindre de souffrir d'insomnie (hormis la veille d'une compétition) ou de la qualité de son sommeil ? De fait, plusieurs études ont démontré que ceux-ci souffrent rarement d'insomnie. Pourquoi ? Parce que leur entraînement occasionne une dépense énergétique importante. Quotidiennement, les enfants devraient également avoir l'occasion de bouger, de courir et de s'époumoner, à l'extérieur de préférence, lorsque le temps le permet. En plus de favoriser un sommeil profond, l'activité physique active la circulation du sang dans toutes les parties du corps. Le débit sanguin ainsi augmenté entraîne un meilleur fonctionnement du système musculaire, glandulaire et immunitaire, les fonctions internes étant stimulées. L'organisme se défend donc mieux contre les agresseurs (virus et bactéries). De plus, sortir au grand air donne bonne mine. Le bébé, même tout petit, se distrait, respire de l'air frais et y trouve son compte grâce à la stimulation sensorielle que l'environnement extérieur lui procure. En fait, les promenades en poussette au grand air lui font le plus grand bien... ainsi qu'à ses parents.

Finalement, instaurer très tôt de saines habitudes de vie a un impact positif sur le sommeil et contribue à une meilleure qualité de vie pour toute la maisonnée.

Chapitre 6

L'ENFANT MALADE ET LE SOMMEIL

Les maladies se manifestent différemment d'un enfant à l'autre, mais dans la plupart des cas, les symptômes sont accentués pendant la nuit. Certaines maladies des bébés dérangent ou altèrent directement leur sommeil et, par conséquent, celui de leurs parents. En outre, nous aborderons dans ce chapitre les poussées dentaires et la médication, qui peuvent également, dans certains cas, être des saboteurs de sommeil.

LES MALADIES D'ENFANT

Les maladies les plus fréquentes sont l'érythème fessier, la congestion nasale, les oxyures et les otites. Voyons ce qui les caractérise.

L'érythème fessier

Les couches modernes, quelle merveilleuse invention ! Pourtant, elles sont parfois à l'origine de bien des tortures pour les fesses si délicates d'un bébé. En effet, leurs fesses souffrent d'être si bien protégées et emballées. Les couches sont de plus en plus absorbantes et, à cette fin, elles contiennent des produits chimiques qui peuvent irriter les peaux sensibles. De plus, comme elles peuvent être portées plus longtemps, le contact de la peau avec les selles et l'urine qu'elles contiennent peuvent provoquer des rougeurs. L'érythème fessier touche pratiquement 1 nourrisson sur 2 entre 7 et 12 mois.

Le bébé étant moins souvent langé la nuit que le jour, il est normal que la nuit exacerbe le problème. Évitez de donner du liquide à l'enfant en fin de soirée et durant la nuit afin de réduire sa production d'urine. Appliquez un onguent hydratant de jour pour calmer l'érythème et une pommade hydrofuge la nuit pour protéger la peau. Votre pharmacien ou votre pédiatre sauront vous conseiller. Assurez-vous que son pyjama est facile à déboutonner si vous devez le langer la nuit. Vous pouvez au besoin opter pour des couches en coton, lesquelles seront moins dommageables pour la peau délicate de bébé, pour la simple raison que vous vous apercevrez plus rapidement qu'elles sont mouillées et qu'il faut les changer. Vous pourrez vous en procurer en pharmacie. Cette solution vous permettra aussi de faire quelques économies à long terme.

La congestion nasale

Un des premiers symptômes du rhume, d'une rhinite ou d'une sinusite est un nez bloqué. Il perturbe immédiatement le sommeil des bébés, puisque ceux-ci ne respirent que par le nez. Il importe alors d'augmenter l'humidité ambiante afin de faciliter leur respiration. Veillez à nettoyer régulièrement le filtre de l'humidificateur afin d'éviter la prolifération des bactéries. Également, le pharmacien pourra être utile pour vous procurer des gouttes soulageant la congestion. De plus, l'usage d'une poire pour aspirer les mucosités nasales sera aussi d'un bon secours, à la condition que vous sachiez l'utiliser adéquatement.

Les oxyures

Les oxyures sont de petits vers longs de quelques millimètres. Mais vous pourrez, à l'œil nu, les voir s'agiter autour de l'anus de votre bébé s'il est infecté. Ils occasionnent des démangeaisons surtout la nuit, ce qui perturbe son sommeil. Une fois l'infection diagnostiquée, le pédiatre sera en mesure de vous conseiller un vermifuge.

Les otites

Les otites sont fréquentes chez les enfants. Il s'agit d'une inflammation de l'oreille externe (tympan et conduit auditif) ou interne (le labyrinthe). Toutefois, le cas le plus fréquent chez les petits est dû à une accumulation de pus ou de liquide organique dans l'oreille moyenne derrière le tympan. Celle-ci entraîne une augmentation de la pression et provoque une douleur d'intensité variable qui survient surtout la nuit et qui réveille parfois le bébé. Le pédiatre devra l'examiner, poser un diagnostic et prescrire un traitement. En attendant le moment de la consultation, au téléphone, il conseillera sans doute aux parents de lui administrer de l'acétaminophène et de ne pas le coucher à l'horizontale. La position semi-assise convient mieux, puisque la pression est plus forte lorsque le bébé est étendu. Il suffira de soulever la partie supérieure de son matelas.

Même si la plupart des otites sont inévitables, un certain nombre d'entre elles sont dues au fait que le bébé s'endort en buvant un biberon. L'oreille moyenne communique avec la gorge par la trompe d'Eustache. En position couchée, celle-ci est moins efficace pour assurer un bon drainage des oreilles. Le lait peut alors y remonter et y provoquer une congestion et une infection.

AUTRES SABOTEURS

Les poussées dentaires

Tous les bébés font l'expérience désagréable de l'apparition des premières dents. Elle peut être douloureuse chez certains et provoquer leur réveil durant la nuit. Les gels à appliquer sur les gencives aident à les insensibiliser. Leur effet ne dure qu'une vingtaine de minutes, mais ce délai est généralement suffisant pour que votre bébé puisse se rendormir. Toutefois, chers parents, faites preuve de discernement : la percée dentaire a le dos large lorsqu'il s'agit de trouver une cause aux réveils nocturnes. Cette fausse piste cache souvent une mauvaise habitude prise par votre nourrisson. Des symptômes diurnes accompagnent les poussées dentaires : une salivation abondante, des éruptions cutanées sur les joues ou le menton, des irritations au fessier et, parfois, de l'irascibilité. La poussée dentaire n'occassionne pas des malaises la nuit seulement ! Cet épisode peut aussi être traversé sans trop de désagrément et il arrive même qu'une dent apparaisse sans douleur !

Les médicaments

Un autre saboteur du sommeil est la médication. Certains antibiotiques peuvent accroître ou diminuer la durée du sommeil. Si des antibiotiques sont prescrits, les parents ont tout intérêt à demander s'ils sont susceptibles de perturber, d'une manière ou d'une autre, le sommeil de leur enfant. Si c'est le cas, il y a lieu d'opter pour un autre médicament. Certains produits homéopathiques sont aussi fort intéressants pour leur absence d'effets secondaires. Parlez-en à votre médecin traitant.

Évidemment, dans la phase aiguë d'une maladie, la priorité va au soulagement. Si l'enfant pleure parce qu'il n'est pas bien, il a besoin d'être consolé et entouré. S'il tousse considérablement, s'il a beaucoup de fièvre, s'il a mal et vous appelle souvent, il y a peut-être lieu d'approcher son berceau de votre lit. Tous ces privilèges ont leur place, mais uniquement pendant le temps réel de la maladie.

En conclusion, bien que les situations énumérées plus haut soient désagréables pour un enfant et fatigantes pour ses parents, elles durent généralement peu longtemps. Si vous avez déjà mis en place de bonnes habitudes de sommeil, votre enfant les retrouvera avec facilité dès qu'il ira mieux. Cependant, si vous en êtes aux premiers temps de son apprentissage, il est fort possible, en cas de dérogation, que vous ayez à lui réapprendre à s'apaiser et à s'endormir seul.

Deuxième partie

TRANSMETTRE DE BONNES HABITUDES DE SOMMEIL

———

Il est frappant de découvrir que l'information sur le sommeil dans notre société est nulle...

Les programmes scolaires rendent nos adolescents incollables sur la digestion, la circulation sanguine, les mécanismes de reproduction et la transmission des caractères héréditaires...

Par contre, pas un mot, pas une ligne sur le sommeil. Comme si cette fonction était secondaire, sans intérêt.

Dre Marie-Josèphe Challamel
et Dre Marie Thirion,
Mon enfant dort mal

Dormir : un état d'être apparemment anodin, normal, mais qui peut tourner à l'obsession lorsque vous êtes parents. Vous avez sans doute déjà vu des couples épuisés, rouler en voiture dans le quartier la nuit tombée, dans l'espoir que le ronronnement du moteur endorme leur chérubin. Qui n'a jamais entendu un collègue de travail, nouvellement papa, annoncer que « bébé » l'a obligé à se lever 8 fois dans la nuit ? Vous avez peut-être déjà été témoin de la bataille entre parents et enfants à l'heure du coucher ou encore de l'inquiétude d'une mère quant aux nuits blanches de son adolescent.

Or, le rapport au sommeil se construit dès la naissance. Selon nos habitudes, nous devenons un bon ou un mauvais dormeur. Les parents ont une responsabilité éducative majeure dans ce domaine. Il leur appartient de se renseigner sur les enjeux et les mécanismes du sommeil et d'adopter les bonnes attitudes. Pourtant, contrairement à la diététique, le sommeil ne fait l'objet d'aucune recommandation systématique à la naissance du bébé. Malheureusement, dans bien des cas, il ne commence à susciter un intérêt que lorsqu'il pose problème.

Au cours des prochains chapitres, les besoins et les particularités en matière de sommeil seront mis en évidence pour chaque âge. Les futurs parents y trouveront des précautions à prendre afin d'éviter, dès les premières nuits, certains pièges transformant en cauchemar la joie de l'arrivée du bébé. À ceux qui sont déjà parents, des stratégies seront révélées afin de remédier aux mauvaises habitudes déjà prises, car les enfants de tout âge peuvent apprendre et réapprendre à bien dormir.

Évaluer le sommeil d'un enfant n'est pas toujours facile, puisqu'il change en fonction de son âge, de sa période de développement, des gestes de maternage de ses parents et des événements familiaux susceptibles de le perturber. C'est pourquoi nous vous proposons une grille du sommeil comme outil d'évaluation objective. Cette grille est souvent utilisée par les pédiatres ou les services hospitaliers spécialisés, lors des consultations pour troubles du sommeil. Grâce à cette grille facile à remplir pour les parents, le médecin est en mesure d'évaluer rapidement la quantité globale de sommeil en fonction de l'âge de l'enfant et de constater si certains réveils sont anormaux.

Voir, pages suivantes, deux exemples.

Codes des tableaux :

– une flèche ↓ pour le coucher et une autre ↑ pour le lever ;

– les périodes de sommeil sont grisaillées (ou hachurées) ;

– les périodes de veille sont laissées en blanc ;

– QN (qualité de la nuit) : évaluation sur une échelle de 1 (désagréable) à 10 (agréable) ;

– QJ (qualité de la journée selon l'humeur) : évaluation sur une échelle de 1 (maussade) à 10 (joyeux) ;

– commentaires : notes sur toutes les observations et, s'il y a lieu, la prise de médicaments et les événements anormaux (cauchemars, terreurs nocturnes, etc.).

Agenda du sommeil de ALICYA   **Date : 4 mars 2006**   **Poids : 5,5 kg**   **Âge : 11 semaines**

jour/heure	20h	22h	24h	2h	4h	6h	8h	10h	12h	14h	16h	18h	QN	QJ	Commentaires
4 mars													9	8	Souper chez amis
5 mars													9	9	Magasinage
6 mars													9	6	
7 mars													9	7	Vaccin
8 mars													9	10	Cabane à sucre
9 mars													4	7	
10 mars													9	8	

Le 3 mars heure du biberon : 20 h 20 combien de ml : _____ ou durée si allaité de 20 min
Le 3 mars heure du biberon : 21 h 20 combien de ml : _____ ou durée si allaité de 10 min
Le 4 mars heure du biberon : 2 h 40 combien de ml : _____ ou durée si allaité de 25 min
Le 4 mars heure du biberon : 6 h 05 combien de ml : _____ ou durée si allaité de 20 min
Le 4 mars heure du biberon : 10 h 20 combien de ml : _____ ou durée si allaité de 20 min
Le 4 mars heure du biberon : 14 h 15 combien de ml : _____ ou durée si allaité de 20 min
Le 4 mars heure du biberon : 18 h 15 combien de ml : _____ ou durée si allaité de 15 min
Le 4 mars heure du biberon : 21 h 15 combien de ml : _____ ou durée si allaité de 20 min
Le 5 mars heure du biberon : 1 h 15 combien de ml : _____ ou durée si allaité de 20 min Etc...

Agenda du sommeil de SARA

Date : 6 mars 2006   Poids : 11,5 kg   Âge : 24 mois

jour/heure	20h	22h	24h	2h	4h	6h	8h	10h	12h	14h	16h	18h	QN	QJ	Commentaires
6 mars													9	8	
7 mars													9	10	
8 mars													9	7	
9 mars													9	8	Début rhume
10 mars													7	7	
11 mars													7	7	
12 mars													9	7	

Le 6 mars sieste ou repos de 13 h à 16 h
Le 7 mars sieste ou repos de 13 h à 16 h
Le 8 mars sieste ou repos de 13 h à 16 h
Le 9 mars sieste ou repos de 13 h à 16 h
Le 10 mars sieste ou repos de 14 h à 16 h 30
Le 11 mars sieste ou repos de 14 h à 15 h
Le 12 mars sieste ou repos de ___ à ___

Un modèle d'agenda du sommeil adapté à chaque âge est disponible pour impression dans le site Web suivant sous l'onglet « Boutique en ligne » : www.brigittelangevin.com.

Des premières semaines de la vie d'un bébé jusqu'à son adolescence, les parents ont la pleine et entière responsabilité de lui inculquer de bonnes habitudes de sommeil.

Chapitre 7

LE BÉBÉ PRÉMATURÉ

Qu'il est merveilleux, ce petit être que l'on vient de déposer sur le ventre de sa maman ! C'est le plus beau bébé du monde ! Fille ou garçon, cela n'a plus aucune importance : lorsqu'il lance son premier cri, vous savez qu'il est vivant, qu'il est votre enfant et que vous êtes ses parents pour toujours. Cependant, un bébé né avant la 37e semaine de grossesse et pesant moins de 3 kg est dit prématuré, alors qu'on appelle grand prématuré un bébé né à moins de 30 semaines de gestation.

Au Québec, on estime que 7,5 % des naissances vivantes surviennent prématurément[*]. Signalons que dans plus de 50 % des cas, les médecins ignorent les causes du déclenchement précoce de l'accouchement. La naissance survient alors que la grossesse se déroulait tout à fait normalement.

LES CARACTÉRISTIQUES DE SON SOMMEIL

Le corps d'un bébé né avant la 37e semaine de grossesse est formé, mais certains de ses organes ne sont pas

---

[*] Ministère de la Santé et des Services sociaux du Québec, 2002.

complètement matures, tout particulièrement les poumons. La composition de son sommeil est différente de celle d'un nouveau-né à terme et il a besoin de soins très particuliers.

Présentement, les progrès technologiques rendent possible la survie d'un bébé prématuré à un âge gestationnel de plus en plus jeune. Son état est toutefois très problématique et exige des soins complexes et extrêmement rigoureux. Sa respiration est assurée par un appareillage et son alimentation se fait par gavage ou par soluté intraveineux. Le nouveau-né prématuré dort entre 15 et 22 heures par jour. Afin de le réconforter, il est recommandé aux parents de lui parler et de le caresser.

Un autre point qu'il importe de souligner est son besoin de chaleur et d'amour. Dans le ventre de sa mère, la température moyenne était de 37 °C. Comme le nouveau-né prématuré n'a pas suffisamment de tissus adipeux pour le protéger du froid, l'incubateur (ou couveuse) devient sa nouvelle maison et le personnel médical s'assure d'y réguler la température, le taux d'humidité et la qualité de l'air. Certains hôpitaux vont offrir aux parents de procurer au bébé prématuré de la chaleur humaine par la méthode kangourou, qui favorise le lien d'attachement entre lui et ses parents. Dans cette méthode, le parent tient son bébé prématuré contre lui, peau contre peau, 24 heures sur 24. De récentes recherches ont démontré que cette technique se compare avantageusement à l'utilisation de l'incubateur.

Un enfant né avant terme doit compenser les semaines qu'il n'a pas passées dans le ventre de sa mère. L'étude des états de vigilance du prématuré[*] démontre que le développement de son sommeil et l'activité électrique de son cerveau sont déterminés par son âge conceptionnel. En d'autres mots,

---

[*] Dre Marie-Josèphe Challamel et Dre Marie Thirion, *Mon enfant dort mal*, Paris, Retz – Pocket, 1993, p. 330.

ni son poids ni le temps écoulé depuis sa naissance n'indiquent la maturation de ses neurones. Par exemple, un prématuré de 28 semaines (né à 6 mois de gestation) aura, 3 mois après sa naissance, un sommeil pratiquement identique à celui d'un nouveau-né à terme de quelques jours qui a été conçu au même moment que lui. Par conséquent, si un prématuré va bien, son sommeil évoluera de la même manière que s'il était demeuré dans le ventre de sa maman.

Un bébé né à 24 semaines de grossesse passe pratiquement tout son temps à dormir et ses yeux sont constamment fermés. Ce n'est qu'à partir de la 36e semaine que le bébé, maintenant proche du terme habituel d'une gestation, présente de toutes petites périodes d'état de veille calme. Il ouvre souvent les yeux et devient plus conscient.

PIÈGE À ÉVITER
Conserver la même attitude

Un bébé prématuré demande beaucoup de soins, nous venons de le voir. Les parents répondent promptement et sans faillir à tous ses besoins. Le risque, c'est que les parents conservent la même attitude envers les besoins de l'enfant, même lorsque celui-ci aura enfin atteint un stade mature et que sa santé ne sera plus en danger.

Un bébé prématuré passe un temps considérable en contact peau à peau avec sa mère et son père, étant donné son important besoin de chaleur. Il aura donc si bien pris l'habitude de dormir en présence de ses parents qu'il deviendra difficile de la lui faire perdre une fois les rythmes du sommeil du nouveau-né établis, afin qu'il puisse s'endormir seul.

De plus, entre 9 à 12 mois, après sa naissance, le sommeil du prématuré est l'équivalent d'un bébé né à terme de 6 à 9 mois. Il est donc en droit de pouvoir dormir 10 à 12 heures d'affilées la nuit s'il est en bonne santé. Voir le chapitre 11 pour plus de détails.

STRATÉGIE
Lui parler tendrement au quotidien

Ainsi que nous l'avons vu précédemment, il y a lieu de parler au bébé plusieurs fois par jour. Même si vous croyez qu'il ne comprend pas, il retiendra l'intonation de vos mots. Expliquez-lui que vous passez beaucoup de temps avec lui, étant donné sa condition précaire, et que c'est avec plaisir, le moment venu, que vous lui accorderez une plus grande autonomie. Lorsque le temps d'une séparation viendra (que ce soit pour dormir seul quelques instants ou pour une autre raison), dites-lui que vous avez confiance en ses capacités, encouragez-le et surtout félicitez-le d'avoir réussi cette étape, même s'il a pleuré.

Une naissance prématurée peut être vécue difficilement au sein de la famille. Il est bon de savoir qu'il existe de l'information accessible pour les parents. Sur le site www.prematurite.com, il est question d'allaitement, de développement, d'apprentissage et de certains traitements novateurs, comme la chambre hyperbare*. On y retrouve également de nombreux témoignages. Vous pourrez ainsi entrer en contact avec d'autres parents aux prises avec les mêmes problématiques.

---

* Chambre dans laquelle la pression est supérieure à la pression atmosphérique normale.

Chapitre 8

LE NOUVEAU-NÉ

Votre bébé, blotti contre vous, découvre le monde. Malgré l'épreuve de sa naissance, qu'il vient de traverser, il vous fait cadeau de son premier regard curieux. Vous parliez de lui depuis 9 mois, vous l'attendiez impatiemment, et le voilà !

LES CARACTÉRISTIQUES DE SON SOMMEIL

Les premiers temps, dormir et se nourrir sont les activités exclusives d'un nouveau-né. Ses pleurs sont essentiellement motivés par la faim, qu'il soit nourri au sein ou au biberon. Un nouveau-né dort beaucoup, en moyenne 18 heures sur 24, mais il existe d'emblée des différences importantes de l'un à l'autre. Certains bébés, gros dormeurs, passeront près de 20 heures à dormir ; d'autres, petits dormeurs, auront besoin de moins de 16 heures sans que cela soit anormal. Cependant, comme les réveils des premiers jours sont essentiellement agités (il ressent dorénavant la faim), un nouveau-né qui dort peu est souvent un bébé qui pleure beaucoup, ce qui peut être pénible pour les parents.

Les nourrissons diffèrent les uns des autres. Cependant, ils ont un point commun : il est extrêmement rare qu'ils fassent leur nuit. Par ailleurs, aucun calendrier, aucune échelle de développement ne peut être valable pour tous, et aucune recette ne doit être suivie à la lettre. Chaque enfant est unique : chacun grandit et se développe à son rythme et chacun dort à sa manière.

Le nouveau-né ne différencie pas le jour et la nuit, il est indifférent à la luminosité ambiante. Ses réveils se produisent donc à n'importe quel moment. Il s'endort d'emblée en sommeil agité (sommeil de rêves), contrairement à l'adulte qui, comme nous l'avons vu, débute toujours en sommeil lent. Le sommeil agité représente 60 %[*] du sommeil total et peut atteindre de 8 à 10 heures par jour chez le nouveau-né à terme. Ne soyez pas surpris de le voir sourire aux anges, grimacer ou encore émettre quelques sons pendant qu'il dort : il réagit simplement à ce qui se passe dans sa tête ; il rêve. Cette phase peut durer de 20 à 30 minutes, après quoi survient une phase de sommeil calme. Un cycle complet (sommeil agité/sommeil calme) dure en moyenne de 50 à 60 minutes. L'enchaînement de 3 ou 4 cycles permet un sommeil de 3 à 4 heures d'affilée. Certaines périodes de sommeil un peu plus longues surviennent au hasard, aussi bien le jour que la nuit.

Les premières semaines de vie constituent pour le nourrisson une période de transition et d'adaptation à sa nouvelle vie. En effet, pendant 9 mois, le bébé a baigné dans un environnement tranquille et serein où chacun de ses besoins était pleinement satisfait. Puis, soudain, des changements sans précédent se produisent à sa naissance. Voici une comparaison entre les conditions de sa vie intra-utérine et celles de sa vie extra-utérine.

---

[*] « Le Sommeil », *Science et Vie*, hors série, n° 220 (septembre 2002), p. 135.

Vie intra-utérine	Vie extra-utérine
Confort douillet, chaud et rond	Berceau plat, température fluctuante
Mouvements incessants, bruits et sons tamisés	Immobilité, silence ou bruits stridents de l'extérieur
Battements du cœur de la mère	Découverte de la solitude
Ignorance de la sensation de la faim	Découverte de la sensation de la faim plusieurs fois par jour et du plaisir apporté par son apaisement

Ainsi présenté, il devient évident qu'il y a tout un équilibre à trouver pour que cette transition vers la vie extra-utérine soit la plus douce possible. Même si le nourrisson est capable d'apprentissage et d'adaptabilité, il a besoin de se sentir en sécurité pour y arriver.

La sécurité chez le nourrisson passe d'abord par la satisfaction de ses besoins fondamentaux : manger, être au sec, dormir et ne pas avoir mal. Il doit aussi retrouver à l'occasion les conditions de sa vie utérine : dos arrondi, tête appuyée, chaleur corporelle, battements d'un cœur contre son oreille et mouvements lents de bercement. Enfin, se sentir en sécurité, c'est surtout se sentir paisible. Un tout-petit perçoit les sentiments, les désirs et les angoisses de ses proches. Un parent calme façonnera un bébé calme. À sa naissance, ses parents (sa mère plus particulièrement) et lui ne font qu'un et c'est pourquoi il vous imite instinctivement et calque ses réactions sur les vôtres. Si vous le tenez de façon rude, il se raidira ; si vous paraissez alarmée, il le sera lui aussi. Il faut donc éviter la montée de son angoisse, car le bébé ne comprend pas ce qui se passe. Il « sent » si quelque chose ne va pas bien et pleure alors pour être rassuré. Voilà sans doute pourquoi les bras des grands-mères sont si apaisants.

Être un bon parent, c'est apporter une sécurité à son enfant. Il faut donc comprendre son langage et respecter son développement pour ne pas se culpabiliser au moindre de ses cris et pour ne pas se précipiter, affolé, au moindre de ses mouvements dans le berceau. Être parent, c'est aussi lui accorder de pleurer un peu sans intervenir à tout coup. Beaucoup de parents réagissent trop vite pour se rassurer eux-mêmes sur le bon état de leur enfant. Leur propre peur fausse les mécanismes émotifs du tout-petit. Comprendre ce point important est l'une des clés de l'équilibre de l'enfant.

Enfin, dès son 10e jour, le nourrisson reconnaît véritablement les manifestations intimes de communication entre sa mère et lui[*]. Il reconnaît, par exemple, la voix et l'odeur de sa mère. Si un changement majeur survient dans sa relation avec sa mère (hospitalisation de celle-ci par exemple), on doit s'attendre à ce que son rythme veille-sommeil soit perturbé pendant 2 ou 3 jours, et ce, même si la personne qui a pris en charge le bébé s'en occupe bien et est tout aussi efficace et sensible.

PIÈGE À ÉVITER
L'impression de réveil lors du sommeil agité

Dans les premières semaines de vie, lorsque le bébé est en sommeil agité (sommeil peuplé de rêves), son visage est particulièrement expressif et animé de multiples mimiques. Il ne paraît pas vraiment endormi, mais semble plutôt

---

[*] Dr Jean-François Chicoine et Nathalie Collard, *Le bébé et l'eau du bain*, Montréal, Québec Amérique, 2006, p. 124.

traversé de moments de malaise, de douleur ou de bien-être. Il peut gazouiller, pleurer ou même ouvrir les yeux. Trop de parents interprètent ces expressions comme des signes d'éveil, des indices de souffrance ou des appels. La projection de leurs expériences émotionnelles d'adultes sur des automatismes, quasiment des réflexes, de leur bébé les font intervenir parfois à tort. Pour le consoler et le rassurer, ils finissent par le réveiller. Résultat : le sommeil calme ne succède plus au sommeil agité. Ces réveils intempestifs provoqués par l'adulte entravent le repos du petit et le fatiguent, mais surtout ils lui inculquent l'habitude de se réveiller après une période de rêves.

Il se crée alors un véritable cercle vicieux : les parents, bien intentionnés, veulent rassurer leur bébé, mais nuisent directement à son sommeil. Il est bien plus néfaste de rompre le rythme du sommeil d'un tout-petit que de le laisser pleurer quelques instants sans le consoler. Il s'agit là d'une des causes des problèmes du sommeil : l'enfant va se réveiller, chaque nuit, à toutes les 2 heures ou presque, parce que son cerveau aura associé « fin de sommeil agité » (période de rêves) à « réveil ».

STRATÉGIE
Alterner entre le berceau et les bras pour dormir

Afin de favoriser la transition entre la vie intra- et extra-utérine, il convient de procurer au nouveau-né des moments où il s'endormira dans les bras de ses parents et où il pourra y rester toute une période de sommeil, c'est-à-dire de son endormissement jusqu'à son éveil spontané. Une autre fois, vous pourrez le coucher au moment où il ralentit sa succion pour qu'il apprenne à s'endormir seul dans son lit. L'idéal est de ne pas mélanger les deux scénarios, c'est-à-dire de le déplacer pour le mettre dans son lit lorsqu'il s'est endormi dans vos bras. D'abord, parce qu'il risque de s'éveiller ; ensuite, parce que le fait de se réveiller dans des conditions et dans un lieu différent de ceux de l'endormissement engendre de l'insécurité. Cela vous est-il déjà arrivé ? Même pour un adulte, c'est angoissant.

Par ailleurs, le seul moyen pour les deux parents de ne pas sortir épuisés de cette période consiste à pratiquer l'alternance des disponibilités. Ainsi, le père assumera au moins les tétées de nuit le vendredi et le samedi, puisqu'il pourra probablement, ces jours-là, récupérer par une grasse matinée ou une sieste. Les autres journées pourront être à la charge de la maman, qui récupérera un peu de son temps de sommeil pendant les siestes du bébé.

Le premier mois ne durera pas toute la vie, rassurez-vous ! Déjà, vers la quatrième semaine, des changements intéressants se produiront dans la vie du nouveau-né.

Chapitre 9

VERS LA FIN DU PREMIER MOIS

L es quatre premières semaines ont permis à bébé d'apprivoiser ses organes tout neuf. Sa respiration est plus régulière et plus profonde. Sa température se maintient plus aisément et son petit cœur est plus calme. Il vous suit des yeux et distingue l'ombre de la lumière. Un éclairage trop puissant le fera grimacer. Il reconnaît certains sons ainsi que des odeurs familières : celles de maman, de papa et du lait.

LES CARACTÉRISTIQUES
DE SON SOMMEIL

À 4 semaines, le cerveau du nourrisson commence à percevoir la différence entre le jour et la nuit, grâce à une programmation interne établie durant son développement utérin. Selon une étude[*], cette distinction spontanée de la nuit et du jour est indépendante de la luminosité. De plus, cette évolution se produit au même âge pour tous les enfants, qu'ils soient issus d'un environnement très éclairé (les pays ensoleillés) ou très peu (en hiver, certains pays n'aperçoivent

---

[*] Dre Marie-Josèphe Challamel et Dre Marie Thirion, *Mon enfant dort mal*, Paris, Retz – Pocket, 1993, p. 339.

la lumière du soleil que 1 heure ou 2 par jour). Si vous faites partie des parents dont le nourrisson mange surtout le jour et dort bien la nuit, estimez-vous chanceux, c'est un pur hasard.

Même s'il lui faut encore beaucoup d'heures de sommeil, il est possible de les répartir différemment en régularisant ses périodes d'éveil le jour et en espaçant progressivement ses repas la nuit. Toutefois, la partie ne sera pas gagnée pour autant, car il ne dormira pas encore 5 ou 6 heures d'affilée, mais l'espacement des repas la nuit est l'indice que cet apprentissage se fera.

Un autre comportement très particulier, et surtout fort désagréable, s'installe aussi vers la fin du premier mois (ou un peu avant selon les bébés) : il s'agit d'un épisode de larmes en fin de journée. Sans trop savoir pourquoi, certains enfants pleurent et s'agitent désespérément pendant quelques heures chaque soir. Ce comportement encore non élucidé par la médecine est très répandu. « Ces pleurs s'installent autour de la 3e semaine, s'amplifient à la 6e semaine pour finir vers la 10e semaine[*]. » Certains appellent cela le spleen du bébé, d'autres la dysrythmie du soir.

Les tentatives habituelles de réconfort et de consolation s'avèrent totalement inefficaces contre ces pleurs. Il est alors conseillé d'endormir le bébé. Une des erreurs à éviter serait de vouloir le consoler à tout prix, de trop lui proposer à manger ou, encore pire, de le secouer. Nous vous proposons ici quelques moyens pour l'apaiser :

- Laissez-le immobile sur le ventre de sa mère dans l'obscurité, sans lui parler.

---

[*] Dr Marcel Rufo et Christine Schilte, *Bébé dort bien*, Paris, Hachette Pratique, 2004, p. 20.

- Dans un lieu sombre et calme (évitez les pièces trop bruyantes ou trop éclairées), promenez-le dans une poche ventrale (style kangourou).

- Couchez-le le ventre appuyé sur l'arrondi de votre épaule, le bas du dos bien maintenu et tapotez-le légèrement.

- Installez-le à cheval sur votre avant-bras, la tête appuyée au creux de votre coude, votre main entre ses jambes, votre bras plié et collé contre votre abdomen, et balancez-le légèrement de gauche à droite.

- Mettez-le sur le ventre dans son berceau, votre main légèrement appuyée dans son dos, sans chercher outre mesure à soulager son malaise (s'il finit par s'endormir, assurez-vous qu'il poursuive son sommeil allongé sur le dos).

- Dans l'obscurité, baignez-le doucement dans de l'eau tiède pour le détendre, sans lui parler ou le savonner, et acceptez, après l'avoir doucement séché, de le coucher nu dans une couverture chaude, lorsqu'il commencera à s'endormir.

Si tous ces moyens échouent, le dernier recours pour l'aider est de le laisser s'apaiser seul. Dites-lui que vous le comprenez et que vous l'aimez, mettez-le dans son berceau et quittez sa chambre. Étant donné l'importance du sommeil pendant les premiers mois de vie, dormir est la première chose à offrir à un bébé en bonne santé qui pleure et dont on ne comprend pas la demande. S'il a besoin de dormir, il s'apaisera progressivement et trouvera le sommeil plus ou moins rapidement.

Bien des parents supportent mal les cris de leur enfant et encore moins leur impuissance à les apaiser. Leur niveau de stress augmente et les bébés hurlent de plus en plus longtemps. Par ailleurs, si vous n'arrivez plus à gérer cette situation, n'hésitez pas à demander de l'aide. Il est fréquent d'entendre que ces manifestations cessent ou du moins se calment dès que les parents se font remplacer, puisque la famille ou les amis se sentent généralement moins dérangés par ses cris et qu'ils réagissent donc avec plus de calme devant ces pleurs intempestifs.

Cependant, si votre bébé ressent autre chose que de la fatigue, il saura clairement vous le faire comprendre par des cris vigoureux et caractéristiques. Ne vous inquiétez pas, vous saurez tôt ou tard distinguer des autres pleurs, les pleurs qui révèlent qu'il a mal.

Les coliques du nouveau-né constituent probablement une des causes importantes d'inconfort pour les petits. Les coliques surviennent en général vers la troisième semaine de vie et disparaissent normalement près de 3 mois plus tard. L'immaturité du système digestif entraîne des contractions intestinales douloureuses, vraisemblablement parce que le lait est mal absorbé, ce qui se produit parfois même avec le lait maternel[*].

À l'écoute, s'il vous est tout de même difficile de différencier le mal du ventre du simple spleen du bébé, voici quelques indices qui peuvent vous mettre sur la piste :

- Les coliques surviennent à n'importe quel moment du jour, pas seulement le soir ou à heures fixes.

---

[*] D[re] Marie-Josèphe Challamel et D[re] Marie Thirion, *op.cit.*, p. 131.

- La douleur est vive et le bébé remonte les jambes sur son ventre.

- L'enfant expulse des flatulences fétides.

- Ses selles sont liquides ou il souffre de constipation.

Un massage abdominal doux, avec mouvement en sens horaire pour respecter le sens du transit intestinal, permet d'éliminer de nombreux gaz et soulage l'enfant. Toutefois, la seule chose à faire est souvent de patienter jusqu'à ce que le bébé atteigne l'âge de 3 mois où, généralement, tout rentre dans l'ordre. Il est conseillé de consulter son pédiatre si des inquiétudes persistent.

Dès les premières semaines de vie de leur nourrisson, les parents se rendent compte qu'ils ne peuvent pas tout lui épargner. Cela fait partie de leur apprentissage : il y aura, tout au long de la vie de leur enfant, des moments où il connaîtra des problèmes, des soucis et parfois même des drames contre lesquels ils seront impuissants.

PIÈGE À ÉVITER
Confondre pleurs et détresse

Un bébé passe un minimum de 7 % de sa journée à pleurer*, soit l'équivalent de 2 heures sur 24. Pourquoi pleure-t-il ? Ses pleurs sont l'un des rares moyens de communication dont il dispose. Ils traduisent généralement un malaise quelconque (faim, besoin d'éructer, douleur physique, etc.), une condition particulière (couche souillée, fatigue, froid, chaleur, etc.) ou une émotion vécue (colère, tristesse, solitude, manque de contact, etc.). Le rôle d'un parent est

---

* Paul et Tania Wilson, *Mère calme, enfant calme*, Paris, J'ai lu, 2003, p. 94.

bien évidemment de répondre aux divers besoins physiques et affectifs de son enfant. Cependant, soyez vigilants vis-à-vis des pleurnicheries qui expriment un état de fatigue chez les nourrissons. Vous y mettrez peut-être fin en prenant votre bébé dans vos bras ou en essayant de le distraire, mais elles reprendront rapidement dès que vous le poserez et l'agitation le gagnera. Votre enfant deviendra alors maussade, il faudra plus de temps pour son endormissement et il y a fort à parier qu'il se réveillera au bout de 10 à 20 minutes.

Voici les signes majeurs indiquant que votre bébé est prêt à dormir : il commence à faire des mouvements saccadés et incohérents et il serre les poings, ou encore il fait des grimaces, fronce les sourcils et pleurniche. En le couchant au bon moment durant les premières semaines, vous éviterez la plupart des problèmes d'endormissement. Généralement, le besoin de dormir survient après 1 h 30 à 2 heures d'éveil.

STRATÉGIE
Des repères temporels

Même si le cycle circadien (jour/nuit) s'établit naturellement chez le nourrisson, il est important de lui donner des repères pour distinguer le jour de la nuit. Voici quelques stratégies qui l'aideront à comprendre que c'est la nuit et qu'il n'y a aucun intérêt à se réveiller (voir tableau page suivante).

Même si votre bébé dort beaucoup et qu'il pleure pour exprimer ses besoins, les temps d'éveil calme se multiplieront. Il commencera à sourire et à tourner la tête au son tendre et cajoleur de votre voix. Parlez-lui en lui donnant son lait, racontez-lui les beaux moments de votre grossesse et chantez-lui des berceuses. Même s'il ne comprend pas le sens des mots, il sait d'emblée reconnaître les paroles d'amour.

Repères du JOUR	Repères de la NUIT
La lumière : il faut donc qu'il fasse ses siestes à la lumière du jour (à peine atténuée si besoin il y a).	L'obscurité : il lui faut de l'obscurité quand c'est l'heure de dormir pour la nuit. L'été, installez à sa fenêtre une toile opaque ou des rideaux épais. Les interventions et les repas de nuit doivent se faire dans la pénombre.
Les bruits et les stimulations : on parle à voix haute, on raconte des histoires, on fait des jeux, on s'éveille et le changement de couche est un moment de partage et de chatouillis.	Le silence et l'absence de stimulation : on chuchote, on est avare de paroles et on évite toute stimulation. On reste avec le bébé juste le temps nécessaire. À peine nourri, le bébé est recouché. Il n'est changé qu'au besoin.

Chapitre 10

ENTRE 2 ET 4 MOIS

C'est la période où un bébé commence à produire des sons : il roucoule, vocalise et peut même éclater de rire, visiblement heureux de s'entendre. Il tourne maintenant la tête dans tous les sens. Lorsqu'il est allongé sur le ventre, il peut se balancer comme un avion, le dos arqué, les bras et les jambes tendus. Couché sur le dos, il réussit parfois à se tourner sur le ventre, ou vice-versa.

LES CARACTÉRISTIQUES
DE SON SOMMEIL

Vers l'âge de 2 ou 3 mois, on assiste à un bouleversement de la composition du sommeil du nourrisson*. Le bébé s'endort désormais en sommeil calme et commence une période de sommeil agité au bout de 20 à 30 minutes. Ce changement passe généralement inaperçu aux yeux des parents épuisés. Ne paniquez pas : les nuits entrecoupées de réveils ne vont pas perdurer ! Sachez que, contrairement à la croyance populaire, un bébé que l'on maintient éveillé le jour ne s'endort pas plus facilement le soir et ne dort pas

---

* On peut employer le terme *nourrisson* jusqu'à l'âge d'un an.

plus longtemps. Vous le verrez plutôt multiplier les siestes de 30 minutes le jour au lieu de dormir 2 heures d'affilée et il réduira son nombre d'heures de sommeil nocturne.

Vers l'âge de 2 mois, beaucoup de bébés ne réclament plus de biberon la nuit. Leur poids atteint alors générale-ment 5 kg. Toutefois, si votre bébé a un poids inférieur à 5 kg et ne réclame plus le boire de nuit, soyez sans inquiétude s'il est né à terme et jouit d'une bonne santé. Vous avez la chance, en tant que parents, de dormir plusieurs heures consécutives, alors profitez-en !

Ainsi, de façon spontanée, vers l'âge de 2 mois, un bébé devrait diminuer le nombre de boires la nuit. Sa courbe de croissance et son comportement peuvent servir à déter-miner s'il peut passer la nuit sans être nourri. Si sa courbe de poids est toujours inférieure à la moyenne mais qu'il est très calme et ne se réveille pas pour téter, mieux vaut consul-ter un médecin. En effet, un enfant calme qui perd du poids ou en prend très peu a besoin d'un bilan médical rapide. Par contre, si sa courbe de poids est bonne, mais qu'il pleure beaucoup la nuit, il ne convient pas de le nourrir davantage, mais plutôt de cerner la cause de ses pleurs en se deman-dant s'il a froid, si sa couche est humide, s'il désire être bercé, s'il est trop fatigué, etc.

Le sommeil est un besoin fondamental pour tous et les parents ne sont pas les seuls à être irrités lorsque leur sommeil est insuffisant. Parce que le bébé devient sociale-ment plus conscient, il peut combattre le sommeil pour jouer. S'il manque une sieste, il peut s'épuiser, être incapable de s'endormir et avoir des réveils nocturnes plus fréquents. Durant la nuit, un enfant dont tous les besoins ont été satis-faits, sauf celui de dormir, peut le manifester par des pleurs. Notez qu'avant l'âge de 2 mois, un nourrisson s'éveille pour manger et a besoin d'être rassasié pour bien dormir. Après

2 mois, sa situation change cependant et son sommeil devient indépendant de sa faim. Ce changement implique qu'un bébé peut pleurer la nuit sans que ce soit nécessairement la faim qui le réveille et que ses pleurs peuvent aussi être attribués à des besoins de sommeil diurne non comblés. Si vous n'êtes pas certain de la raison de ses pleurs nocturnes, discutez-en avec votre pédiatre afin de déterminer avec lui la bonne marche à suivre.

En général, à partir de l'âge de 8 semaines, un bébé en santé devient capable de patience même s'il ressent le besoin d'être nourri. Alors qu'il était impossible de retarder sa tétée au réveil, il accepte maintenant de patienter quelques minutes, tandis que le biberon chauffe ou que maman se prépare. C'est l'un des meilleurs indices que son réveil n'est plus associé à un besoin de nourriture. Dès qu'un enfant se montrera capable de patienter alors qu'il a faim et d'espacer ses tétées durant la journée, théoriquement, il pourra dormir une nuit complète sans manger. Des petits trucs peuvent l'y aider :

- Le coucher dans son lit dès l'apparition des signes de fatigue. Le laisser seul dans une chambre obscure et silencieuse et lui dire clairement : « Bonne nuit mon trésor, à demain. » On oublie trop souvent de parler à son bébé et de l'informer de ce qu'on attend de lui, en alléguant son faible niveau de compréhension. Commencez très tôt à lui exprimer vos attentes.

- S'il se réveille la nuit, attendre un peu avant de se précipiter pour le faire manger, afin de lui donner la possibilité de se rendormir seul.

- S'il pleure sans grande conviction la nuit, ne pas arriver dans sa chambre avec un biberon préparé à moins d'être certain de le faire boire : il saurait reconnaître l'odeur du lait près de lui et ne comprendrait pas pourquoi vous hésitez ou vous tardez à le lui donner.

- Un enfant allaité saisira mieux ce que ses parents attendent de lui si, pendant quelques nuits, c'est son père qui le console et lui prodigue des paroles douces pour l'inciter à se rendormir.

- Vous devrez éviter de rester à côté de lui dans la chambre ou de lui tenir la main quand il dort. Il lui faut absolument apprendre à dormir sans la présence de maman ou de papa à ses côtés.

- S'il réussit à dormir une nuit entière, félicitez-le : il a besoin d'entendre votre contentement et de sentir votre tendresse.

Votre bébé fait maintenant ses nuits et c'est très bien. Toutefois, un bébé de 8 à 16 semaines, même s'il dort 10 heures d'affilée, a encore besoin de bonnes périodes de repos chaque jour. En moyenne, il faut prévoir 2 heures dans la matinée en 1 ou 2 siestes ; puis 2 ou 3 heures d'affilée après le repas du midi suivies d'une petite sieste vers 17 h 30, ou encore 3 petites siestes d'environ 1 heure chacune durant l'après-midi.

PIÈGE À ÉVITER
S'inquiéter des larmes de protestation

Vers la fin du deuxième mois, bébé commence à produire des larmes : ses glandes lacrymales fonctionnent. En général, à 3 mois, les bébés pleurent moins qu'auparavant. Chez ceux qui en souffraient, les coliques disparaissent doucement. Par ailleurs, certains bébés pleurent un peu avant de s'endormir par eux-mêmes. Ces pleurs diffèrent des larmes de protestation. Donc, s'il proteste durant la nuit, il n'y a pas lieu de s'affoler. Les larmes de protestation ne sont pas forcément un signe de grande détresse. Évitons de croire qu'un bébé ne doit jamais pleurer. S'il s'endort après avoir versé quelques larmes, cette étape l'aidera à apprendre que même si une situation peut être déconcertante pour lui, il lui est possible de s'apaiser et de se rendormir. Évidemment, si vous lui avez déjà donné l'habitude de vous précipiter au moindre pleur, ne soyez pas surpris de ses protestations au moment où vous cesserez d'accourir.

STRATÉGIE
Le laisser s'endormir seul

Votre bébé peut faire de petits sommes dans vos bras de temps en temps. Veillez cependant à ce qu'il se réveille là où il s'est endormi : contre vous. Mais il est aussi important que cette sécurité qu'il trouve dans vos bras lui permette, à d'autres moments, de s'endormir seul dans son lit, où vous l'aurez laissé après un geste doux et une parole apaisante : « Bonne nuit mon bébé, à tout à l'heure. » C'est ainsi qu'il gagnera en autonomie et aura confiance en ses propres capacités. Parlez-lui le plus souvent possible, vous participerez ainsi activement à son développement. Vous découvrirez très tôt qu'il comprend davantage que vous ne l'auriez cru !

Apprendre à s'endormir sans assistance ou à se rendormir à la suite d'un réveil nocturne est une habileté qui s'acquiert, et il incombe aux parents de l'enseigner aux enfants. Il ne faut donc pas accompagner l'enfant jusqu'à son endormissement, mais plutôt lui donner les moyens de s'endormir seul. S'il y arrive au coucher, il pourra y arriver également lors d'un réveil nocturne. En revanche, s'il s'est endormi avec vous, il aura besoin de vous durant la nuit pour se rendormir. Aimer votre enfant, c'est aussi lui apprendre l'autonomie... même à cet âge.

Chapitre 11

DE 6 À 18 MOIS

Un bébé change tous les jours : il grandit et prend des forces. À 4 ou 5 mois, il fait déjà le double de son poids à la naissance. À plat ventre, il se dresse sur ses bras pour mieux observer tout ce qui l'entoure. À la fin du sixième mois, s'il est parmi les plus rapides, il commencera déjà à se mouvoir en rampant et, s'il est des plus audacieux, à se déplacer à quatre pattes.

LES CARACTÉRISTIQUES
DE SON SOMMEIL

La plupart des enfants entre 6 et 18 mois devraient être mis au lit entre 19 h et 20 h et se réveiller entre 6 h et 7 h. Un enfant de 6 mois dort en moyenne 15 heures par jour. Vers 18 mois, il réduira progressivement son temps de sommeil diurne, passant de 3 ou 4 siestes journalières à une seule. Sa durée totale de sommeil ne varie pas tellement (environ 15 heures), mais ses heures de sommeil sont tout simplement réparties différemment. Durant cette période de développement, 5 points importants peuvent induire les parents en erreur quant au besoin de sommeil de leur tout-petit.

Premièrement, « vers six à neuf mois, le bébé acquiert graduellement le concept dit de *permanence de l'objet*, ce qui veut dire que l'enfant continue de croire à l'existence du monde au-delà de ses propres sensations[*] ». Toutefois, si sa mère ne revient pas rapidement, il est susceptible de s'inquiéter. En effet, à cet âge, le tout-petit n'est pas encore capable de se représenter sa mère hors de la pièce pendant bien longtemps. Pour lui, le sommeil prend donc une signification particulière : c'est le moment où il doit se séparer de ceux qu'il aime pour affronter seul les inquiétudes de la nuit. Cette faculté symbolique d'imaginer sa mère quand elle n'est plus là, il ne l'acquerra complètement qu'autour de ses 18 mois. Voilà pourquoi l'heure du coucher devient souvent pénible et déchirante. Une stratégie pour l'aider à acquérir cette faculté consiste à chanter ou à turlutter quand vous êtes dans une pièce voisine.

Deuxièmement, un enfant de plus de 4 mois et de poids convenable (5 kg et plus) a suffisamment de réserves pour dormir une nuit entière sans manger. Bien que certains bébés en bonne santé puissent encore se réveiller la nuit pour se nourrir, le Dr Richard Ferber considère cela comme étant une simple habitude, puisqu'ils n'ont plus de besoins nutritionnels nocturnes à cet âge[**]. Cependant, vers l'âge de 6 mois, un bébé qui faisait ses nuits depuis longtemps recommencera parfois à se réveiller. Il pleure et ce n'est pas la faim qui le tenaille, mais bien la peur. Il ne vous voit pas, il se sent seul. Il a parfois besoin d'être rassuré. Parlez-lui doucement et remettez-le au lit. Soyez attentif à ce qu'il ne prenne pas trop de plaisir à ces rencontres nocturnes et à ce qu'elles ne deviennent pas une habitude.

---

[*] Dr Jean-François Chicoine et Nathalie Collard, *Le bébé et l'eau du bain*, Montréal, Québec Amérique, 2006, p. 361.

[**] Dr Richard Ferber, *Protégez le sommeil de votre enfant*, Paris, ESF Éditeur, 1990, p. 81.

Troisièmement, une des particularités de cet âge, c'est l'établissement d'associations avec le sommeil dans l'esprit de l'enfant. Elles conditionneront la manière dont il gérera ses réveils périodiques et son endormissement. Elles sont dites adaptées ou inadaptées, selon qu'elles favorisent son autonomie, c'est-à-dire sa capacité de s'endormir seul ou qu'elles le rendent dépendant d'un objet ou d'une personne pour trouver le sommeil. Ces associations sont établies par tous les enfants et, souvent, elles le sont avec la participation de leurs parents. Par exemple, un bébé habitué à s'endormir en étant bercé ou flatté ne parviendra pas à se rendormir seul sans cette aide. Il pleurera alors jusqu'à ce que quelqu'un vienne recréer les conditions qu'il associe au sommeil : dans ce cas-ci, le bercer ou le flatter. Il a donc acquis, avec le concours de ses parents, une association inadaptée au sommeil. Les parents doivent tenir compte de ces associations lorsqu'ils instaurent un rituel du coucher.

Dans la plupart des familles, une certaine routine précède l'heure du coucher : les parents reproduiront cette routine quand viendra le moment de créer un rituel pour le dodo du bébé. Si un bébé de 7, 8 ou 9 mois ne fait pas encore ses nuits, c'est peut-être parce qu'il s'endort dans des conditions de dépendance aux adultes ou encore parce qu'il a pris l'habitude de prolonger indûment le rituel. Le parent doit alors impérativement établir un rituel rassurant et limité dans le temps. À cet âge, le rituel peut consister dans un bain tiède et apaisant. La proximité physique du parent lors du bain contribue également à détendre l'enfant. On peut aussi le transporter quelques minutes dans un sac kangourou, le bercer ou s'asseoir avec lui dans un fauteuil douillet. Le son est un élément important du rituel du dodo. Il n'est jamais trop tôt pour lire une histoire à un bébé. L'élément le plus important est que l'enfant se retrouve dans son lit avant qu'il ne s'endorme, afin qu'il puisse créer une association adaptée.

Quatrièmement, du point de vue de la pédiatrie, un bébé fait une nuit complète s'il dort de 5 à 6 heures consécutives. « Soixante-dix pour cent des bébés de 3 mois, 83 % des bébés de six mois et 90 % des bébés de 1 an parviennent à dormir jusqu'au matin[*]. » Notons que le comportement nocturne des bébés de 9 mois a été étudié au moyen de caméras vidéo. Ces recherches ont permis d'établir que : « 84 % d'entre eux se sont réveillés une ou plusieurs fois pendant la nuit pour des périodes totalisant 9 minutes[**] ». Puisqu'ils se rendormaient spontanément, leurs parents en concluaient qu'ils ne s'étaient pas éveillés de la nuit.

Les parents à l'oreille sensible, qui réagissent au moindre bruit émanant de la chambre de leur petit, perturbent à leur insu un processus d'apprentissage, celui de la gestion des réveils nocturnes. Il serait donc approprié que les parents accordent un délai de quelques minutes au bébé avant d'intervenir, pour lui permettre de se rendormir de lui-même.

Cinquièmement, entre 8 et 15 mois, chaque enfant acquiert peu à peu un sentiment de sécurité et choisit un ou des objets de réconfort, tels qu'un ourson en peluche, un doudou, un coin de couverture ou son pouce. Ces derniers atténuent son angoisse et l'aident à se calmer avant de s'endormir.

Comment savoir si votre enfant est sujet à l'angoisse de la séparation ? Un enfant qui se sent en sécurité parvient à jouer seul dans la journée. Il peut aussi s'éloigner sans anxiété de sa figure d'attachement dans un lieu nouveau où se trouvent des personnes qui lui sont inconnues (par exemple, au cabinet du pédiatre ou en garderie) et y jouer seul en

---

[*] Dre Susan E. Gottlieb, *Les problèmes de sommeil des enfants*, Montréal, Éditions de L'Homme, 1998, p. 63.

[**] *Id.*

babillant. S'il n'y parvient pas, c'est l'indice qu'il éprouve peut-être une certaine insécurité affective l'empêchant de tisser des liens de confiance avec les adultes. « L'anxiété mal canalisée des enfants imprègne toutes les activités quotidiennes, notamment le sommeil*. » Le bébé doit se sentir aimé et se sentir en sécurité pour pouvoir rester seul.

Cependant, si un bébé n'est pas sujet à l'angoisse de la séparation et que ses troubles d'endormissement persistent, c'est que l'un des parents, et non lui, ressent cette angoisse de la séparation. C'est donc au parent de revoir son comportement et de se donner les moyens de résoudre ce problème.

PIÈGE À ÉVITER
Donner un boire nocturne

Selon certains parents, la faim empêche leur bébé de dormir toute une nuit sans interruption. Précisons à nouveau que si le bébé est en bonne santé et pèse plus 5 kilos, il peut très bien absorber durant la journée, en 4 repas, la ration calorique dont il a besoin et dormir une nuit complète. Que se passe-t-il donc ? L'enfant, habitué à recevoir son biberon ou sa tétée une ou plusieurs fois par nuit, croit avoir faim, mais il est simplement incapable de faire la différence entre une habitude et un réel besoin. Or, l'alimentation, pour être équilibrée, doit répondre à un besoin, non pas à un désir. Plus on mange, plus on a faim. L'obésité dont souffrent de nombreux enfants et adolescents peut résulter d'un conditionnement précoce à confondre besoin et désir lors des premiers mois de vie. Une fois son poids santé atteint, réfléchissez-y sérieusement avant de créer chez lui l'habitude de se nourrir la nuit.

---

* *Ibid.*, p. 64.

STRATÉGIE
Trouver un équilibre la nuit

Aider un enfant à trouver un équilibre en arrêtant les boires nocturnes pour lui permettre de faire ses nuits est l'affaire de quelques jours. Selon les spécialistes, voici les règles à suivre :

- À intervalles réguliers durant le jour, nourrir le bébé de 4 à 6 fois, selon ses besoins.

- Ne pas lui offrir le sein ou un biberon au moindre malaise et au moindre pleur. Manger n'est pas le meilleur moyen de vaincre l'ennui. Il y a d'autres manières de lui faire plaisir, par exemple le promener en poussette.

- Supprimer le boire d'endormissement le soir au coucher et ensuite durant les siestes. Poser l'enfant dans son lit avant qu'il soit endormi.

- Éviter au maximum de l'aider à s'endormir en le rendant dépendant d'un parent (le bercer, le flatter, le caresser, etc.) ou de tout objet, tel que la tétine, que l'enfant croira indispensable au milieu de la nuit pour se rendormir.

- Espacer ses repas de nuit en le faisant patienter une demi-heure la première nuit ; 1 heure la deuxième ; 2 heures la troisième (l'évolution semble rapide, mais l'enfant s'y adaptera très bien). S'il est très malheureux, lui frotter le dos en lui parlant. Lui dire ce que vous tentez de mettre en place pour son bien et celui de sa famille.

- Diminuer progressivement pendant quelques nuits la quantité de lait ingurgitée. S'il est nourri au biberon, réduire sa portion de 30 g chaque nuit. S'il est allaité, raccourcir les tétées d'une minute. Remettre l'enfant dans son lit avant son endormissement.

- Si l'enfant supporte mal la diminution rapide des prises nocturnes de liquides, abaisser graduellement la concentration du lait (par exemple 6 mesures dans 180 g d'eau, puis 5 mesures, puis 4...). Lorsque l'enfant ne boira plus que de l'eau, la deuxième étape consistera à réduire progressivement le volume d'eau. Le plus souvent, déçu de ne boire que de l'eau, il s'en désintéressera et préférera dormir par la suite.

Si cet équilibre n'est pas atteint en moins de 2 semaines, les parents doivent s'interroger sur leur comportement. De fait, il faut se méfier de sa propre anxiété, laquelle est aisément transférable à son enfant.

Encore une fois, parlez à votre bébé et dites-lui ce que vous attendez de lui. Ainsi, vous créerez un climat de confiance et établirez avec lui une relation privilégiée.

Chapitre 12

DE 2 À 6 ans

De 2 à 6 ans, les éléments marquants du développement d'un enfant sont particulièrement l'ouverture au monde et l'élaboration du langage. C'est d'ailleurs vers l'âge de 3 ans que l'éclosion de son vocabulaire se produit et que ses parents ont droit à une avalanche de questions. Par ailleurs, son équilibre est meilleur : il court, sautille, grimpe, danse, monte et descend l'escalier seul. Il va de soi que ses nouvelles habiletés viendront modifier son comportement à l'heure du coucher et durant la nuit. Mieux vaut être bien informé pour y faire face.

LES CARACTÉRISTIQUES
DE SON SOMMEIL

La quantité totale de sommeil dont il a besoin ne diminue que très progressivement au fil des années. Entre 2 et 4 ans, elle sera encore fréquemment de 13 ou 14 heures par jour, incluant, selon l'âge, une sieste ou une période de repos. À 6 ans, il dormira uniquement la nuit. Déjà, depuis l'âge de 6 mois, ses nuits se déroulent comme celles d'un adulte, c'est-à-dire qu'elles commencent par un sommeil lent et qu'elles comportent davantage de sommeil profond au début, puis davantage de sommeil léger et de sommeil paradoxal (avec des rêves vivants) à la fin.

Il faut bien l'admettre : durant ces années, des difficultés surviennent fréquemment à l'heure du coucher. Souvent fatigué et surexcité, l'enfant refuse d'aller au lit, se tortille quand on lui enfile son pyjama, exige histoire après histoire et verre d'eau après verre d'eau. Or, il a seulement besoin du calme et de la sécurité de sa chambre. Soyez ferme. Suivez toujours la même routine à peu près à la même heure. Cette régularité contribuera à instaurer une atmosphère de quiétude et ainsi l'enfant apprendra très jeune qu'après avoir mis ses vêtements de nuit, il aura droit à une chanson ou à une histoire[*] et qu'ensuite il devra se coucher. Maman et papa sortiront alors de la chambre et ce sera le temps de s'abandonner au sommeil. Surtout, il faudra laisser à l'enfant le temps de se préparer mentalement au dodo. Ne lui déclarez pas sans préambule que c'est l'heure de dormir parce qu'il est trop bruyant, pour ensuite le mettre au lit dans la minute. Le sommeil n'est pas une punition, c'est une nécessité de la vie.

Une autre difficulté également fréquente à cet âge est celle des réveils multiples durant la nuit. « Des études estiment que 40 à 60 % des enfants dès l'âge de 18 mois se réveillent chaque nuit et que 20 % d'entre eux se réveillent plusieurs fois la même nuit. Ces éveils nocturnes sont une composante normale du sommeil de cet âge-là[**] ». La plupart du temps, l'enfant restera calmement dans son lit, gardera les yeux ouverts et jouera avec son toutou ou son doudou avant de se rendormir. Il n'y aura problème que s'il réveille ses parents, exige un biberon ou réclame d'être bercé. En d'autre mots, s'il a besoin de l'intervention de quelqu'un d'autre pour se rendormir.

---

[*] Faites preuve de discernement dans le choix de l'histoire : raconter à un enfant sensible une histoire de monstre dévorant une princesse est déconseillé avant le dodo.

[**] Dre Marie-Josèphe Challamel et Dre Marie Thirion, *Mon enfant dort mal*, Paris, Retz – Pocket, 1993, p. 341.

Nous connaissons tous des parents dont aucun des enfants n'a su dormir des nuits complètes avant l'âge de 4 ans. Ces parents hésitent généralement à demander conseil, car ils se sentent horriblement coupables d'admettre qu'ils sont épuisés et qu'ils voudraient dormir. D'autres encore croient que c'est normal. Dans de nombreux cas, il s'agit simplement de parents qui n'osent pas dire à leur enfant : « Ça suffit, maintenant, il faut que tu dormes et nous aussi. Tu es assez grand pour dormir sans nous réveiller ! »

Il faut s'attendre à de fortes protestations de la part d'un enfant lorsque ses parents changent de méthode éducative. Il est tout à fait normal qu'un enfant fasse des colères, puisque ses aptitudes à accepter les déceptions ou les refus et à maîtriser ses pulsions sont encore très peu développées. Malheureusement, ces crises drainent le bon vouloir et l'énergie des parents qui ne peuvent récupérer de jour. L'endormissement de leur enfant deviendra alors plus difficile et ses nuits, plus mouvementées. Souvent, pour éviter la bagarre du soir, les parents céderont et accepteront de laisser l'enfant s'endormir contre eux devant la télé ou de se coucher à côté de lui dans sa chambre en lui prodiguant des caresses jusqu'à ce qu'il s'endorme. Les parents n'ont ensuite plus de temps pour eux, la tension monte et les conflits familiaux surviennent. Voilà que le bonheur d'avoir un enfant se transforme en cauchemar, que s'est-il passé ?

Rappelons que l'enfant, de 2 à 3 ans, traverse une période de transition que les psychologues appellent « l'adolescence de l'enfance » parce que l'enfant manifeste alors sa volonté d'indépendance et d'affirmation en s'opposant à tout ce que vous lui demandez comme il le fera plus tard à l'adolescence. C'est ce qu'on appelle plus couramment « la période du NON ».

Ainsi, même si son besoin de sommeil est important, il est irréaliste de penser qu'un enfant abdiquera au moment du coucher ou qu'il tombera tout simplement de sommeil lorsqu'il aura atteint ses limites. Un enfant plus conscient de lui-même et de son environnement testera les réponses et la volonté de son entourage. Il cherchera à découvrir quelles sont les limites pour mieux s'y opposer. Il peut également éprouver une appréhension à s'abandonner au sommeil, craignant de faire de mauvais rêves.

La peur de l'obscurité apparaît aussi vers l'âge de 2 ans. Fréquemment, l'enfant commence à réclamer que la lumière reste allumée dans sa chambre ou dans le couloir et que sa porte reste entrebâillée. Si tel est le cas, une veilleuse, de préférence avec une ampoule de couleur bleue, peut être installée dans sa chambre. On conservera l'habitude de fermer sa porte. Son environnement sera plus calme et silencieux, et votre besoin d'intimité sera respecté.

Un refus d'aller au lit, un délai indu avant l'endormissement et des réveils nocturnes fréquents soulèvent les questions suivantes : quelles conditions sont nécessaires à mon enfant pour qu'il puisse s'endormir ? Qu'est-ce que mon enfant associe avec le fait de dormir ? Quels facteurs retardent son sommeil ?

En règle générale, la plupart des problèmes de sommeil qu'éprouvent les enfants de 2 à 6 ans sont causés par l'inconstance parentale ou la négligence dans l'établissement de bonnes habitudes de sommeil. Voici les comportements les plus fréquemment cités par les parents et les conséquences qu'ils engendrent pour l'enfant.

Comportements du parent	Conséquences pour l'enfant
Changer les points de repère habituels dans le rituel du coucher.	Temps d'endormissement prolongé. Le cerveau n'a pas perçu les signes annonciateurs du temps de dormir.
S'étendre auprès de l'enfant pour l'endormir.	Lors d'un court réveil, l'absence du parent à ses côtés l'éveillera complètement et il le cherchera. S'il ne le trouve pas rapidement, l'angoisse ne tardera pas à l'envahir.
Déplacer l'enfant durant son sommeil, parce qu'il s'est endormi ailleurs que dans son lit.	La panique s'installera à l'occasion d'un court réveil si l'enfant ne retrouve pas l'environnement dans lequel il s'est endormi.

Maintenant, imaginons seulement que l'une de ces situations se reproduise à plusieurs reprises, le réveillant désagréablement plusieurs nuits d'affilée. L'enfant risque, pour un temps, de perdre la tranquillité d'esprit nécessaire à ses endormissements. Inquiet de revivre des situations imprévues au cours de la nuit, l'enfant peut éprouver des difficultés à s'endormir malgré sa bonne volonté, même lorsqu'il se trouve dans des conditions de sommeil habituellement rassurantes.

Le rôle du parent est de lui apprendre à s'endormir seul dans le calme et l'obscurité, dans des circonstances telles qu'il peut gérer seul ses réveils spontanés au cours de la nuit. C'est l'enjeux des saines habitudes de sommeil.

L'enfant de 2 à 6 ans est également sujet aux cauchemars. En fait, c'est même à cet âge qu'ils sont le plus fréquents. Un enfant qui vient de faire un mauvais rêve s'éveillera en sursaut et sera anxieux. Il lui faudra du temps pour être rassuré et pour comprendre que ce qui l'a effrayé dans le rêve ne s'est pas vraiment passé. Vous trouverez la meilleure approche à adopter en pareil cas dans la troisième partie, au chapitre sur les troubles du sommeil. La fréquence des cauchemars décroît avec l'âge et, généralement, les scénarios pénibles sont progressivement oubliés.

PIÈGES À ÉVITER
Le coucher tardif ou la suppression de la sieste

Un enfant couché avec un retard de 2 heures en soirée ne s'éveillera pas 2 heures plus tard le lendemain matin. Il ouvrira les yeux à son heure habituelle, perdant 1 ou 2 cycles de sommeil. S'il ne les retrouve pas au moment de la sieste, la journée sera fatigante pour lui et éprouvante pour ceux qui l'entourent. Le résultat le plus probable sera donc un lendemain infernal !

La sieste est d'autant plus importante si l'enfant a du mal à se coucher le soir. Elle l'empêche d'accumuler un déficit de sommeil, lequel se traduit le plus souvent par une surexcitation, source de conflit et parfois même de punition.

Dans les services de garde, il est fréquent que les parents demandent à une éducatrice d'écourter la durée de la sieste ou même de la retirer de l'horaire sous prétexte qu'ils ont de la difficulté à coucher l'enfant en soirée. En supprimant la sieste, ils espèrent se faciliter la tâche : ils croient que leur enfant, épuisé, finira par tomber de sommeil. La réalité est tout autre : si on supprime ou abrège la sieste, l'enfant tombera de sommeil en après-midi. En effet, un enfant de cet âge a besoin de plusieurs heures de sommeil. Ce que la nuit ne peut lui offrir (10 à 12 heures), il doit l'obtenir par des siestes. Le parent a donc tout avantage à repenser son rituel du coucher et à découvrir les associations inadaptées qui se sont créées chez son enfant lors de l'endormissement, au lieu de tenter d'abréger ses heures de sommeil durant la journée.

Les conséquences d'une privation de sommeil, de jour comme de nuit, sont nombreuses. En voici quelques-unes :

- hyperexcitabilité ;
- fatigue (évidemment !) et yeux cernés ;
- irritabilité ;
- immunité fragile ;
- manque d'attention soutenue ;
- problème d'apprentissage ;
- terreurs nocturnes ;
- énurésie (pipi au lit).

Une privation de sommeil entraîne un affaiblissement du système immunitaire. Une expérience avec des souris l'a démontré. Lors de l'expérience, des souris immunisées contre la grippe et exposées au virus une semaine plus tard résistaient à l'infection. Mais celles qu'on avait privées de 7 heures de sommeil immédiatement après leur exposition au virus n'y résistaient pas.

« Plusieurs études indiquent que les enfants de 3 ans qui font des siestes s'adaptent plus facilement et s'ajustent mieux aux nouvelles situations que les enfants ne faisant pas de siestes[*]. »

---

[*] Dr Charles Morin, *Vaincre les ennemis du sommeil*, Montréal, Éditions de l'Homme, 1997, p. 226.

STRATÉGIE
Dire la vérité sur vos états d'âme

La perception d'une perturbation dans le comportement de ses parents (due à un conflit familial, à des difficultés financières ou professionnelles, à une grave maladie, etc.) peut être à l'origine d'une inquiétude chez l'enfant, voire d'une angoisse, et donc entraîner des troubles du sommeil. Dans certains cas, c'est la phase d'endormissement qui s'en trouvera touchée, l'enfant restant éveillé dans l'obscurité et guettant le moindre bruit. Dans d'autres cas, il renouera avec l'habitude de se réveiller au cours de la nuit et de réclamer la présence de ses parents, ou encore il quittera son lit pour vérifier si ses deux parents sont bien présents dans leur chambre. Parfois, il essaiera même de se coucher avec eux. Il est alors préférable de le raccompagner à sa chambre.

Lorsqu'un changement dans la vie de l'enfant se profile, il faut le lui dire dans ses mots à lui : à tout âge, l'enfant apprécie la vérité.

Chapitre 13

DE 7 À 12 ans

Entre 7 et 12 ans, la scolarisation marque un véritable tournant dans l'existence de l'enfant : le cadre étroit de ses relations familiales éclate pour faire place à une vie sociale plus diversifiée. Il découvre alors que les règles diffèrent dans les familles de ses amis et il peut devenir un fin négociateur en matière de sommeil. Méfiez-vous : même s'il affirme ne pas être fatigué, son besoin de sommeil est important.

LES CARACTÉRISTIQUES
DE SON SOMMEIL

En principe, la période de 7 à 12 ans est relativement simple, du moins au point de vue du sommeil. L'enfant est vigilant et en pleine forme dans la journée. Il est souvent qualifié d'*increvable* par les adultes qui l'entourent. Il s'endort rapidement le soir et jouit d'un sommeil paisible, très profond. Évidemment, ce mignon dormeur tentera probablement de négocier une heure de coucher plus tardive, mais il a encore besoin de 10 à 12 heures de sommeil. L'heure du coucher devrait donc être fixée en fonction de l'heure du réveil pour aller à l'école. Plus l'enfant se lève tôt pour aller en classe, plus il devrait aller au lit tôt en soirée.

Afin de vous assurer que votre jeune dort suffisamment et que son sommeil est récupérateur, voici un questionnaire[*] (destiné aux jeunes de 6 à 16 ans) permettant d'évaluer la somnolence diurne, c'est-à-dire la propension à s'endormir durant la journée. Le résultat final indique le niveau de somnolence et peut révéler une insuffisance de sommeil.

Le test de somnolence sélectionne quelques situations couramment vécues dans une journée et demande au sujet d'évaluer pour chacune d'elles le risque de s'assoupir (d'avoir envie de dormir). Il s'agit d'encercler le chiffre qui correspond le mieux à ce qui est ressenti pour chacune des situations énumérées.

Envie de dormir sur une échelle de 0 à 3 :

0 = **jamais**
1 = **parfois**
2 = **souvent**
3 = **toujours**

Situations	Envie de dormir
Assis calmement en lisant, dessinant ou écrivant	0 1 2 3
En regardant la télévision	0 1 2 3
En jouant seul à un jeu vidéo ou à l'ordinateur	0 1 2 3
En jouant dehors avec des amis ou en faisant du sport	0 1 2 3
Dans une voiture ou dans un autobus qui roule depuis plus d'une heure	0 1 2 3

---

[*] M. Lecendreux et E. Konofal, *Échelle de somnolence adaptée à l'enfant et à l'adolescent*, mars 2001.

Situations	Envie de dormir
En classe le matin	0 1 2 3
À la récréation	0 1 2 3
Le dimanche, allongé pour te reposer	0 1 2 3
Le matin au réveil	0 1 2 3
Le soir au coucher	0 1 2 3

Faites le total des réponses obtenues. Si le résultat :

- est inférieur à 9, il n'y a aucune manifestation de somnolence diurne ;

- se situe entre 10 et 14, la somnolence est modérée ;

- est au-delà de 15, il y a une somnolence marquée et il importe d'en trouver la source, et peut-être même de consulter un spécialiste du sommeil.

Malheureusement, de plus en plus d'enfants souffrent d'une insuffisance chronique de sommeil. Une expérience menée auprès d'enfants de 6 à 8 ans[*] démontre que leur fréquence maximale de bâillements se situe autour de 9 heures du matin, alors même qu'ils devraient être très bien reposés après une bonne nuit de sommeil.

Qu'est-ce qui empêche un enfant de s'endormir et de faire ses nuits sereinement ? La peur... des monstres et de l'obscurité. Lorsque son imagination s'emporte, il peut éprouver certaines peurs nocturnes, isolées ou récurrentes. Il s'agit du problème le plus fréquent chez les jeunes de cet âge.

---

[*] Dr Marcel Rufo et Christine Schilte, *Bébé dort bien*, Paris, Hachette Livre, 2004, p. 89.

L'enfant peut traverser une période où il est effrayé de rester dans son lit et refuser d'aller dormir à moins que sa porte ne soit ouverte et les lumières, allumées. Parfois, il sautera même hors de son lit en criant que quelque chose bouge en dessous, dans le placard ou à la fenêtre. Les scènes angoissantes d'un film défilent peut-être dans sa tête.

L'excès de temps passé devant le petit écran et les images visionnées, notamment au moment du coucher, sont une cause directe de ces troubles du sommeil. Jamais les enfants n'ont passé autant d'heures que maintenant devant la télé. Ces enfants ont une durée de sommeil nocturne inférieure à la moyenne. La télé retarde le coucher, que l'enfant la regarde seul dans sa chambre ou aux côtés de ses parents. De plus, des études ont montré que 44 % des parents ne savent pas ce que leurs enfants regardent à la télévision[*]. Dans de nombreux cas, la télévision est allumée pendant que l'enfant mange, joue ou fait ses devoirs. Elle déverse un flot incessant d'images et de paroles aux retombées considérables pour les nuits des enfants.

Pour comprendre, sinon combattre, les peurs récurrentes, il est conseillé de surveiller les émissions télévisées que votre enfant regarde avant le coucher. N'oublions pas, par ailleurs, que certaines histoires que nous racontons à nos enfants sont peuplées de monstres, de loups-garous et de dragons. Il n'est pas étonnant qu'ils puissent imaginer qu'une bête menaçante se cache sous leur lit. Si votre enfant exprime une peur, soyez à l'écoute. Le simple fait de pouvoir verbaliser sa crainte et d'être écouté avec empathie et sans jugement suffit souvent à l'exorciser. Si votre enfant raconte qu'il a peur parce qu'un vilain bonhomme le surveille quand il est dans son lit, prenez le temps de lui demander de décrire ce personnage (et peut-être même de le dessiner). Cette petite

---

[*] Stéphane Clerget, *Enfants accros de la télé !*, Paris, Marabout, 2003, p. 103.

126

enquête vous permettra sans doute de déterminer l'origine de cette peur et, petit à petit, de la désamorcer.

Certains cauchemars et certaines craintes diffuses trouvent leur source dans le vécu immédiat de l'enfant : le taxage ou les menaces physiques vécues à l'école, la peur de l'échec scolaire, une mauvaise entente avec un professeur ou des élèves, les tensions familiales, etc. S'il traverse une période trouble, parlez-en durant le jour et rassurez-le : ses nuits seront ensuite plus paisibles.

D'autres peurs peuvent résulter d'illusions hypnago-giques. En effet, dans la période qui précède immédiatement l'endormissement le soir ou qui suit le réveil naturel, il peut se produire une forme d'hallucination visuelle ou auditive tout à fait normale (elle est de l'ordre du rêve), laquelle s'estompera avec le plein réveil. Au cours de cette phase, l'enfant peut donc entendre le bruit du climatiseur et le perce-voir comme le grognement d'un animal dangereux ou encore entrevoir une ombre au mur et croire qu'il s'agit d'une pré-sence inquiétante. Toutes les formes d'une chambre peuvent se transformer en menaces potentielles pour un enfant sujet aux peurs. Il faut alors le rassurer en lui expliquant qu'une petite porte était ouverte sur l'univers des rêves, qu'en réalité tout va bien et qu'il n'a rien à craindre. Une veilleuse allumée dans sa chambre peut atténuer l'inquiétude qu'engendre l'obscurité. Ce phénomène, susceptible de se produire à tout âge, est plus fréquent chez l'enfant de 6 à 15 ans.

PIÈGE À ÉVITER
Dormir, c'est ne rien faire

Une majorité d'enfants de ce groupe d'âge ne veulent pas aller dormir parce qu'ils ne savent pas à quoi sert le sommeil et pensent donc que c'est du temps perdu. Ce moment en apparence passif peut sembler absurde pour un enfant s'il ne sait pas qu'il est indispensable à l'organisme. Il importe de lui expliquer les fonctions du sommeil, notamment les suivantes :

- Grandir. L'enfant grandit en dormant ! Son corps se répare et se construit. Durant le sommeil, son cerveau sécrète une hormone de croissance qui l'aide à grandir.

- Mémoriser. Pas de bonne mémoire sans un bon sommeil ! Pendant le sommeil, l'enfant range dans sa mémoire ce qu'il a appris pendant la journée[*].

- Récupérer. Pendant qu'il dort, il procure un temps d'arrêt à son corps, à son cerveau et à son esprit.

- Garder le sourire. Plus il manquera de sommeil, moins il aura bon caractère.

- Être en bonne santé. Pendant la nuit, son système immunitaire se fortifie afin de mieux le protéger des bactéries et des virus, sans compter qu'il aura plus d'énergie pour se livrer à ses activités préférées.

Des études ont démontré que plusieurs enfants entre 6 et 15 ans se retrouvent souvent seuls durant la période précédant le coucher. Livrés à eux-mêmes, ils ont tendance à prendre de mauvaises habitudes : 1 enfant sur 4 consomme des boissons stimulantes, 1 sur 6 s'amuse avec une console de jeux vidéo et 6 sur 10 se gavent de programmes télévisuels. Ces activités entraînent indéniablement des troubles du sommeil.

---

[*] Le retard scolaire est beaucoup plus important chez les enfants dormant moins de 8 heures par nuit que chez ceux qui dorment plus de 10 heures. Source : Miguel Mennig, *Le sommeil, mode d'emploi*, Paris, p. 34.

Par ailleurs, les spécialistes du sommeil affirment qu'il est essentiel, pour éviter tout trouble du sommeil à court ou moyen terme, que l'enfant ferme l'ordinateur au moins une heure avant d'aller au lit. Les jeux vidéo apportent une hyperstimulation neuronale et annulent les signaux de fatigue. Ils retardent donc l'endormissement quand ils précèdent l'heure du coucher. En outre, il serait prudent d'adopter la même consigne pour la télévision, car, selon le type d'émission écoutée, elle peut avoir un impact aussi important sur le système nerveux.

Compte tenu de l'importance du sommeil, expliquez à votre enfant ce qui peut l'empêcher ou le retarder :

- le cola, le thé glacé, le chocolat chaud*, le chocolat** ;
- un repas tardif ou trop copieux ;
- trop de sucreries ;
- les films d'horreur ou les films violents à la télé ;
- les consoles de jeux vidéo ;
- du sport trop tard le soir ;
- les discussions contrariantes ou stressantes ;
- les bagarres avec les frères et sœurs.

STRATÉGIE
Des conséquences pour les retardataires du coucher et du réveil

Certains enfants ont la fâcheuse habitude de ne pas respecter l'heure du coucher ou de lambiner dans leur lit à l'heure du lever. Les menacer de les priver de dessert au repas du soir ou, pour les plus âgés, de leur retirer la permission de

---

* Le cacao contient de la théobromine, dont l'effet est identique à celui de la caféine.

** Quatre carrés de chocolat noir ont le même effet qu'un espresso.

sortir avec leurs copains le vendredi soir est généralement peu efficace. Il convient alors de trouver une conséquence logique à la situation indésirable*. Par exemple, lorsqu'un enfant renverse un verre de lait, la conséquence logique est qu'il éponge lui-même son dégât. Pas de cris, pas de sermons, pas d'accusations !

La même attitude peut s'appliquer aux situations concernant le sommeil. L'enfant lambine au coucher ? La conséquence logique sera simple : le nombre de minutes de retard d'un coucher sera retranché au coucher suivant. Par exemple, si le jeune retarde son coucher de 15 minutes, le lendemain soir, il sera obligé de se coucher 15 minutes plus tôt. Un enfant qui tarde à se lever est évidemment un enfant fatigué. La conséquence logique sera donc la même : s'il met 12 minutes à sortir de son lit, 12 minutes seront retranchées à son heure de coucher. Le comportement répréhensible disparaîtra comme par enchantement, à la condition, bien sûr, d'appliquer cette règle avec constance.

---

* Sur ce sujet, j'invite le lecteur à consulter : Brigitte Langevin, *Une discipline sans douleur*, Boucherville, Éditions de Mortagne, à paraître en 2010.

Chapitre 14

DE 13 À 16 ans

L'adolescence est une période de transformation du corps, de l'esprit et des émotions. C'est également une époque de comportements ambivalents, d'engouements extravagants (habillement, musique, etc.) et de rejet des limites. Chaque adolescent traverse, à sa façon et selon ses moyens, une sorte de grand remue-ménage de toute sa personne. Dans un même temps, il a un besoin particulier de devenir autonome, de prendre ses responsabilités, d'expérimenter et de trouver des repères. Tous ces aspects de son développement vont durement ébranler une des bases essentielles de sa santé : son sommeil.

LES CARACTÉRISTIQUES DE SON SOMMEIL

Si, entre 6 et 12 ans, le sommeil nocturne s'avère de très bonne qualité et comprend beaucoup de sommeil lent profond, il en va tout autrement entre 13 et 16 ans. À l'adolescence, trois phénomènes viennent le bouleverser : un allègement, une insuffisance chronique et un dérèglement progressif.

L'allègement touche le sommeil lent profond. Une étude américaine[*] a révélé que le temps consacré à dormir et la part de celui-ci qui est occupée par le sommeil paradoxal ne changent pas entre 10 et 16 ans, mais que la quantité de sommeil lent profond diminue de 35 % au profit d'un sommeil plus léger à partir de 13 ans. Divers tests ont aussi démontré qu'après une nuit de sommeil de même durée, les préadolescents ne s'endorment que très rarement durant la journée, alors que les adolescents sont beaucoup plus somnolents.

Ce sommeil plus léger s'accompagne souvent de difficultés d'endormissement. Ces difficultés mènent au deuxième phénomène : une insuffisance chronique de sommeil. L'adolescent connaît une situation semblable à un décalage horaire. « Au moment de se coucher à 23 heures, son horloge biologique interne lui dit qu'il n'est que 20 heures. Il ne ressent donc pas le goût ni le besoin d'aller se coucher. Cependant, le lendemain, lorsque le réveil sonne à 7 heures, son corps indique 4 heures du matin[**]. » De plus, ses nouvelles habitudes sociales et sa difficulté à s'endormir inciteront l'ado à retarder son coucher, ce qui aggravera inévitablement son déficit de sommeil. Or, ses besoins physiologiques réels de sommeil ne diminuent pas, au contraire : certains spécialistes avancent que la nécessité de dormir pour un ado est parfois plus grande que pour un préado, en raison du bouleversement hormonal qui l'atteint. Pourtant, on note une réduction marquée de 2 heures de sommeil entre 12 et 20 ans. Pour rattraper ce retard, l'adolescent fait la grasse matinée chaque fois qu'il le peut, en particulier les fins de

---

[*] Étude réalisée en 2006 par la National Sleep Foundation, à la suite d'une enquête menée auprès de 1 602 adolescents, âgés entre 13 et 16 ans.

[**] Nicole Gratton, *Dormez-vous assez ?*, Montréal, Flammarion Québec, 2006.

132

semaine. Certains parents ignorant ces phénomènes qualifient l'adolescent de paresseux alors qu'il s'agit plutôt d'un véritable trouble neurophysiologique lié à sa puberté.

Le troisième phénomène, le dérèglement progressif des temps de sommeil par conditionnement social, est le plus perturbant. L'adolescent aime sortir, regarder la télévision, se coucher tard et bavarder toute une nuit. Il peut même faire le pari de tenir toute la nuit sans dormir. Le lendemain, il devra dormir jusqu'en fin de matinée et fonctionnera au radar tout l'après-midi. Résultat, il ne pourra plus s'endormir le soir venu. Le surlendemain, une baisse notable de vigilance amoindrira son rendement scolaire et il s'endormira probablement pendant les cours, la tête appuyée sur ses bras ou ses mains.

L'adolescence étant une période de changements majeurs en ce qui concerne les aspects physique, affectif et social, le risque de souffrir d'insomnie y est particulièrement élevé. En effet, une étude publiée par l'Association Sommeil et Santé[*] établit que 13 % des garçons et 17 % des filles se plaignent de mal dormir. Voici quelques-unes des mauvaises habitudes en cause :

- Pratiquer un sport de compétition immédiatement avant d'aller dormir (tennis, racquetball, football, etc.). Le taux d'adrénaline contenu dans le sang au moment du coucher nuit à l'endormissement et à la qualité du sommeil.

- Se préparer une supercollation immédiatement avant le coucher. Le diaphragme sera tellement comprimé et la digestion si laborieuse qu'il sera très difficile de trouver le sommeil.

---

[*] Cette association a pour mission de faire reconnaître les pathologies du sommeil comme des problèmes de santé publique (www.sommeilsante.asso.fr/index.html).

- Se coucher en ressassant tous les problèmes de la journée, à la recherche de solutions potentielles.

- Modifier fréquemment les conditions entourant le sommeil (changer de chambre, de lit, d'éclairage, dormir avec ou sans oreiller, avoir un horaire irrégulier de lever et de coucher, etc.).

Pour tenir le coup et trouver un regain d'énergie, beaucoup d'adolescents auront alors recours aux boissons énergisantes, au café et au tabac. De fil en aiguille, certains glisseront vers les somnifères ou les médicaments qui sont en vente libre dans les pharmacies et dont l'effet secondaire est la somnolence (par exemple, le Bénadryl). Peut alors s'ensuivre le recours aux drogues et plus particulièrement aux amphétamines pour leur effet stimulant (*speed, ice, crystal meth, ecstasy*). Toutefois, la prise de drogues[*] chez les adolescents est une problématique beaucoup plus complexe que celle qui est abordée ici.

Il vous est possible d'évaluer objectivement la fatigue de votre adolescent. En effet, vous pouvez l'inviter à répondre aux questions du test de somnolence du chapitre précédent. Un niveau de fatigue extrême se traduira par un indice de somnolence élevé. Si son total est inférieur à 9, félicitez-le. Cependant, s'il est supérieur à 15, il est clair que des mesures doivent être prises pour réduire sa dette de sommeil et le rendre plus fonctionnel. Faites-lui alors part des règles qui favorisent un sommeil de qualité.

---

[*] La consommation de drogues étant courante à cet âge, j'invite les parents à s'informer sur leur usage et leurs conséquences en consultant le livre *Drogues, savoir plus, risquer moins*, publié par le Comité permanent de lutte à la toxicomanie (www.cplt.com).

Les huit règles d'un bon sommeil* à l'adolescence

1. Dormir suffisamment.

Le sommeil est essentiel pour le cerveau. La somnolence, même légère, nuit au rendement, que ce soit à l'école ou dans les loisirs. Le manque de sommeil peut modifier l'humeur et rendre irritable.

2. Des heures régulières de coucher et de lever.

Établir un horaire pour le lever et le coucher et, si possible, le respecter également durant les week-ends. En cas de difficulté à le suivre à la lettre : éviter de s'en écarter de plus d'une heure au coucher et de plus de deux heures au réveil. De plus, ne pas se permettre des écarts fréquents ou plus de 2 nuits consécutives. Pour combattre la somnolence pendant le jour, planifier une sieste en début d'après-midi plutôt que de prendre des excitants (café, cigarette ou autres).

3. Déterminer le nombre d'heures de sommeil nécessaires pour bien fonctionner.

Quand on dort suffisamment, on se réveille en pleine forme et non pas fatigué. La plupart des adolescents ont besoin de 9 à 12 heures de sommeil chaque nuit. Ajuster l'heure du coucher en conséquence. (Heure du lever - heures nécessaires au repos = heure du coucher.)

4. S'exposer à la lumière vive dès que possible le matin, mais l'éviter en soirée.

L'intensité de la lumière indique au cerveau quand se réveiller et quand se préparer à dormir.

---

* Inspiré des règles publiées par la National Sleep Foundation concernant le sommeil des adolescents (www.sleepfoundation.org/).

5. Respecter son rythme circadien.

Le jour devrait être consacré aux activités stimulantes et les soirées aux occupations calmes demandant moins de vigilance, et non l'inverse.

6. Éviter tout stimulant après le repas du soir.

Les stimulants les plus fréquents sont les boissons énergisantes (par exemple, le Red Bull), le tabac, le café, le chocolat, le cola ou tout produit alimentaire contenant de la caféine. Évidemment, il faut s'abstenir de prendre de l'alcool*. Il favorise la détente dans un premier temps, mais engendre ensuite un sommeil léger et ponctué de nombreux et infimes moments d'éveils la nuit durant. Le lendemain, les performances intellectuelles seront altérées en fonction de la quantité d'alcool ingérée.

7. Se détendre avant d'aller au lit.

Éviter les lectures énervantes, comme les romans d'épouvante, et les jeux d'ordinateur dans l'heure qui précède le coucher. Ne pas s'endormir devant la télévision : même un contenu léger stimulera le cerveau et empêchera un sommeil récupérateur. Ne pas travailler de nuit.

---

* Une enquête menée en 2000 au Québec auprès de 4 730 élèves du secondaire révèle que :

- 71 % d'entre eux ont consommé de l'alcool durant les 12 derniers mois ;
- la proportion de consommateurs d'alcool augmente de 46 % à 91 % entre la 1re et la 5e année du secondaire ;
- la proportion de buveurs réguliers (hebdomadaires) parmi les élèves augmente avec les années de scolarité, passant de près de 6 % en 1re secondaire à 40 % en 5e.

Source : Comité permanent de lutte à la toxicomanie, *Drogues, savoir plus, risquer moins*, Québec, Gouvernement du Québec, 2003.

8. Dire non aux nuits blanches.

Se coucher tard perturbe la composition du sommeil et empêche d'être alerte le jour suivant. La meilleure façon de se préparer à un examen, c'est de dormir suffisamment. Ceux qui font des nuits blanches ou qui se couchent à des heures tardives en fin de session ou la veille d'un examen semblent studieux et mieux préparés, mais ils sont susceptibles de s'épuiser. Une étude scientifique menée à l'Université de Peterborough en Ontario a démontré que le sommeil est le moment où la mémoire intègre et consolide toutes les connaissances et les habiletés acquises pendant la journée. Le fait de dormir une nuit complète après un apprentissage permet de bien l'intégrer et d'améliorer ses performances de 25 %[*].

Évidemment, le plus gros du travail sera de persuader votre ado qu'il est nécessaire de suivre ces règles et que ses troubles du sommeil ont des conséquences néfastes sur ses journées et ses performances intellectuelles. À vous de revenir à la charge afin qu'il comprenne vraiment toutes ces conséquences.

PIÈGE À ÉVITER
Un couvre-feu sans heure de lever

Les soirées entre copains, les sorties tardives, les films de fin de soirée et autres habitudes sociales typiques de l'adolescence dérèglent le rythme veille-sommeil et peuvent être à l'origine d'un véritable décalage horaire. En guise de solution, convenir d'un couvre-feu pour les vendredis et samedis soirs est certes une bonne initiative, mais elle est insuffisante. Il faut aussi exiger de lui qu'il se lève à une heure raison-

[*] Brigitte Langevin, *Rêves & Créativité*, Québec, Éditions le Dauphin Blanc, 2003, p. 67.

nable le samedi et le dimanche, c'est-à-dire avant 10 heures et non en après-midi. L'aide du parent (le réveiller) et la collaboration du jeune (se lever aussitôt réveillé) sont cruciales pour qu'il s'endorme plus facilement le dimanche soir et pour qu'il ne gâche pas, le lendemain, sa journée d'école par une somnolence excessive. Évidemment, durant la semaine, l'adolescent doit déjà se coucher à une heure raisonnable. Afin de le contraindre à respecter la règle du lever le week-end, faites-lui signer une entente écrite et précisez une conséquence logique s'il ne respecte pas son engagement. Par exemple, il pourrait être privé de sortie avec ses amis le week-end suivant.

Si votre adolescent s'endort toujours au-delà de 2 h du matin, il présente un véritable décalage horaire. Dans ce cas, son réveil spontané devrait survenir aux alentours de midi ou plus tard encore. S'il n'a pas de contraintes horaires, comme c'est le cas durant les vacances, son problème sera moins apparent, puisque la durée de son sommeil sera normale. Par contre, l'obligation de se lever le matin pour se rendre à l'école deviendra extrêmement pénible pour lui, étant donné son peu de sommeil nocturne. Comment remédier au décalage de votre ado ? Rassurez-vous : il pourra retrouver un horaire de sommeil normal grâce à une chronothérapie qui s'échelonnera sur 6 ou 7 jours.

STRATÉGIE
Chronothérapie

La méthode consiste à décaler progressivement son horaire de sommeil, en retardant son coucher et son lever de 3 heures chaque jour[*] (oui, vous avez bien lu !), jusqu'à ce que son horaire de sommeil revienne à la normale. Ainsi,

---

[*] D^re Marie-Josèphe Challamel et D^re Marie Thirion, *Mon enfant dort mal*, Paris, Retz – Pocket, 1993, p. 195.

vous proposerez à votre adolescent de se coucher chaque soir un peu plus tard (cela ira dans le sens qu'il préfère) et il trouvera ce décalage horaire progressif tout à fait supportable.

Prenons l'exemple d'un adolescent habitué à se coucher à 2 h du matin. En entreprenant ce programme un vendredi, les lundi et mardi seront ses seules journées d'absence à l'école. Que pèse le sacrifice de ces deux jours de scolarité s'il épargne à votre adolescent des mois de somnolence ?

Pour illustrer cet exemple, voici un tableau des horaires de coucher et de lever pour la durée du programme.

Chronothérapie
Horaires de coucher et de lever

Selon son horaire	Coucher 2 h	Lever 12 h 30
Vendredi, 1re nuit	5 h	15 h 30
Samedi, 2e nuit	8 h	18 h 30
Dimanche, 3e nuit	11 h	21 h 30
Lundi, 4e nuit	14 h	24 h 30
Mardi, 5e nuit	17 h	3 h 30
Mercredi, 6e nuit	20 h	6 h 30
Jeudi, 7e nuit (Ajustement de l'heure du coucher selon l'horaire de l'école, en prévoyant une nuit selon les besoins de l'ado (ici 10 heures).	22 h	8 h

Et la partie est gagnée !

Troisième partie
RECONNAÎTRE
LES COMPLICATIONS DU SOMMEIL

—

Les problèmes qui paraissent les plus graves, les plus pénibles et déstabilisants pour toute la famille, en particulier l'enfant qui refuse de s'endormir et celui qui se réveille chaque nuit toutes les deux heures, sont les troubles qui se corrigent le plus vite et le plus facilement.

Il suffit de comprendre ce qui se joue et d'y répondre de façon appropriée.

Dre **Marie-Josèphe Challamel**
et Dre **Marie Thirion,**
Mon enfant dort mal

Les spécialistes du sommeil n'en finissent plus de découvrir à quel point le sommeil est essentiel tant pour les fonctions cérébrales que pour l'ensemble du corps. Par conséquent, la privation chronique de sommeil peut avoir des conséquences désastreuses sur la santé. Les nouveau-nés, les enfants et les adolescents ont besoin de beaucoup plus de sommeil que les adultes. Leurs nuits ne sont pas parfaites pour autant, loin de là.

La plupart des parents peuvent témoigner qu'aucun enfant n'est immunisé contre les difficultés de sommeil. À un moment ou l'autre, tous les enfants souffrent de problèmes de sommeil, que ce soit une difficulté à dormir la nuit, à faire une sieste ou à accepter d'aller se coucher. Des perturbations occasionnelles du sommeil peuvent être causées par les cauchemars, le somnambulisme ou l'énurésie. Quels que soient les troubles du sommeil dont souffre un enfant, il importe de s'assurer qu'ils ne résultent pas d'une maladie ou d'un trouble organique.

Au cours des prochains chapitres, nous mettrons en lumière les différentes difficultés qui guettent le sommeil d'un enfant au cours de son développement et nous prodiguerons des conseils pratiques aux parents sur les moyens de les prévenir ou d'y remédier.

Chapitre 15

LES PROBLÈMES DE SOMMEIL

Les bébés ne naissent pas avec un chromosome de bonnes habitudes de sommeil ; celles-ci doivent être enseignées. La plupart du temps, les enfants aux prises avec des problèmes de sommeil ont des parents aimants, sensibles et consciencieux. Étonnamment, la sensibilité et le dévouement des parents empêchent fréquemment l'enfant d'apprendre à bien dormir.

Il est très difficile d'être le parent d'un enfant qui dort mal. Si vous êtes habitués à dormir 8 heures de sommeil par nuit, cela peut vite devenir un handicap. Non seulement vous dormirez moins, mais votre sommeil sera entrecoupé. Quoique très désagréables, la plupart des problèmes de sommeil sont mineurs et peuvent être résolus rapidement. La motivation, la constance et la détermination des parents seront les clés de leur succès. Leurs efforts seront alors récompensés par une vie familiale plus heureuse et détendue.

Les balancements rythmiques

Les manifestations de mouvements rythmiques à l'heure du coucher inquiètent les parents. L'enfant se frappe alors la tête sur l'oreiller ou sur les parois du lit et il balance le tronc ou la tête de façon rythmique. Ces comportements apparaissent habituellement avant 18 mois et disparaissent spontanément vers 4 ans. Le balancement dure habituellement de 10 à 20 minutes, mais peut parfois se prolonger durant 2 heures. On l'observe à divers moments : le matin au réveil, pendant le sommeil nocturne, après une sieste quand l'enfant somnole encore ou après un épisode de somnambulisme.

Ces comportements se produisent chez environ 5 % des jeunes enfants et sont 3 fois plus fréquents chez les garçons[*]. Certains enfants en récoltent quelques ecchymoses ou des blessures superficielles. Les dommages au cerveau sont peu probables, celui-ci étant protégé par la boîte crânienne.

On ignore la cause de ce phénomène. Selon une hypothèse, l'enfant cherche à reproduire, par ces balancements, les mouvements et les rythmes réconfortants de sa vie intra-utérine. Ils favorisent sa somnolence. Les mouvements rythmiques ne sont pas inquiétants chez les bébés qui se développent normalement : ils cessent spontanément et ne requièrent aucun soin particulier, si ce n'est de veiller à ce que l'enfant ne se blesse pas à la tête. Il est suggéré de garnir les côtés du lit d'une protection douillette et de l'écarter suffisamment du mur.

Dans les cas d'autisme, de retard mental ou de cécité, les mouvements rythmiques peuvent avoir des causes ou des conséquences graves. Le recours à un spécialiste (par l'entremise du pédiatre) est alors indispensable.

Le syndrome du rappel

Pour plusieurs parents, l'heure du coucher est éprouvante. Demandes, négociations et compromis n'en finissent plus : « Maman, je veux une autre histoire... Papa, j'ai encore

---

[*] Dre Susan E. Gottlieb, *Les problèmes de sommeil des enfants*, Montréal, Éditions de L'Homme, 1998, p. 110.

soif... J'ai oublié de faire pipi... Un autre baiser... Encore un peu d'eau », et ainsi de suite. Ces requêtes incessantes se terminent souvent par des pleurs et par votre exaspération. Ce comportement est appelé le *syndrome du rappel*. Le verre d'eau, le câlin supplémentaire et la visite aux toilettes ne sont pas des nécessités, mais bien des tactiques généralement employées pour étirer le temps de veille et mobiliser votre attention.

Est-ce la peur d'être séparé de vous ? Une difficulté à renoncer à ses passionnantes activités ? Un besoin affectif non comblé par des parents fatigués et pressés de les coucher ? Les parents qui travaillent hors de la maison sont particulièrement tentés d'acquiescer à leurs innombrables demandes. Ils se culpabilisent plus facilement lorsqu'ils n'y répondent pas.

Le syndrome du rappel atteste l'esprit inventif d'un enfant. Plus il l'exercera, plus longtemps il pourra prolonger la présence de ses parents. La résolution de ce problème commence par l'instauration d'une routine précise : un rituel du coucher tel que celui que décrivent les précédents chapitres.

L'étape suivante consiste à s'assurer que tout a été accompli avant le dodo. Un tableau avec des pictogrammes (verre d'eau, toilette, brosse à dents, baiser, etc.) que vous cocherez avec lui est un moyen agréable et efficace d'y parvenir. Votre enfant y verra clairement les étapes le menant au dodo. Le point important à retenir est d'établir des limites précises et de les maintenir

En dernier lieu, il importe de faire comprendre à votre enfant qu'il dérange votre sommeil quand il se lève. Il doit être prévenu que s'il se lève, vous le renverrez illico se coucher. S'il menace de faire dans son pantalon si vous ne lui permettez pas d'aller aux toilettes pour la énième fois, vous ne risquez rien et vous devez rester impassible. Sinon, il l'interprétera comme un encouragement à continuer son manège. En définitive, ce problème est facilement remédiable lorsque les parents s'en tiennent aux limites établies

Le refus de rester dans sa chambre

Une problématique bien connue des parents est l'enfant qui se lève des dizaines de fois après le coucher ou encore qui se réveille la nuit et refuse de retourner dans son lit. Une des premières erreurs commises par les nouveaux parents est de penser que leur enfant est trop jeune pour comprendre. Expliquez-lui qu'il est essentiel qu'il dorme seul dans son lit. Il a besoin de sommeil, et le refus de rester dans sa chambre le fait se coucher beaucoup trop tard. Il se fatigue alors et sera bougon le lendemain. Ainsi, lorsqu'il quittera son lit et vous rejoindra dans votre chambre, prenez-le par la main et reconduisez-le immédiatement dans son lit. Ne montrez pas votre colère et ne discutez pas avec lui. Dites-lui simplement : « Je t'aime, mais c'est l'heure du dodo pour les enfants, alors tu retournes dans ton lit et tu y restes jusqu'à demain matin. » Il est important que vos mots aient du sens : l'enfant doit être convaincu de votre sérieux. S'il se relève encore, raccompagnez-le gentiment mais fermement, et ce, autant de fois que nécessaire.

Parfois, répéter ce qu'on attend de lui devient inutile. Il continue néanmoins chaque soir de sortir de son lit et de sa chambre pour réclamer votre attention. Il faut alors passer à l'action au lieu d'expliquer. Une méthode très controversée est de garder la porte de sa chambre fermée à clef pour l'empêcher de sortir. Elle semble efficace à première vue, mais elle risque d'intensifier ses peurs et ses problèmes de sommeil.

Une stratégie plus douce consiste à fermer sa porte sans la verrouiller. Il faudra l'avertir : « Si tu te lèves, je ferme la porte ; si tu restes dans ton lit, je veux bien la laisser ouverte. » La porte ouverte devient alors un privilège. Voici sommairement comment appliquer cette approche :

- S'il se lève, avertissez-le. Une fois l'avis donné, s'il est encore debout au bout d'une minute, recouchez-le et fermez la porte.

- S'il se relève pour ouvrir la porte, maintenez la porte fermée quelques instants encore de sorte qu'il ne puisse pas sortir. Vous pouvez lui parler au travers de la porte pour lui conseiller d'aller se recoucher, mais sans plus.

- S'il se recouche, vous ouvrirez la porte, qu'il continue ou non à crier.

- S'il refuse encore de se coucher, vous maintiendrez la porte fermée pendant 2 minutes, puis vous ouvrirez la porte, le remettrez au lit avec fermeté et ressortirez en refermant la porte.

- Attendez un peu : s'il reste couché, vous ouvrirez la porte.

- S'il se relève, cette fois-ci, vous garderez la porte fermée une minute de plus avant d'aller le recoucher, toujours avec le même discours ferme.

- La première nuit, ne gardez pas la porte fermée plus de 5 minutes à la fois. Cependant, n'hésitez pas à garder la porte fermée 5 minutes aussi souvent que nécessaire, jusqu'à ce que l'enfant reste couché.

- Les nuits suivantes vous pourrez garder la porte fermée un peu plus longtemps chaque fois.

- S'il s'endort par terre, laissez-le, ne le bougez surtout pas, couvrez-le légèrement et c'est tout.

Le but de cette méthode est de le rendre responsable de l'ouverture ou de la fermeture de la porte : s'il garde le lit, la porte restera ouverte ; s'il se lève, elle sera fermée. Pendant toute cette période, une fermeté sans faille est indispensable de la part du parent. Si vous cédez, tout le travail sera à recommencer depuis le début.

Une autre stratégie, particulièrement utile avec un enfant perturbé par une brisure parentale (un parent hospitalisé, un divorce, la rentrée scolaire, la garderie, etc.) consiste à se coucher auprès de l'enfant non pas à ses côtés dans son lit, mais sur un matelas d'appoint pour le rassurer tout en permettant une séparation ultérieure. Après quelques nuits de camping à côté du lit de l'enfant, le parent devra éloigner le matelas graduellement pour se retrouver finalement sur le seuil. Il faudra généralement 3 semaines pour arriver à faire chambre à part.

Les difficultés d'endormissement et les réveils multiples

Pour certains enfants, les réveils nocturnes multiples, similaires à ceux des premières semaines de vie, vont se poursuivre pendant des mois ou des années, au prix d'un épuisement et d'une exaspération plus ou moins importants de la part des parents.

Jusqu'à la fin des années 1970, les problèmes de sommeil des tout-petits étant plus ou moins pris en compte par le corps médical, il était souvent inutile aux parents d'en discuter avec le pédiatre. Aujourd'hui, les spécialistes affirment qu'une consultation sur 10 porte sur les difficultés du sommeil*. La raison principale est presque toujours la même : l'enfant ne veut pas s'endormir, il réveille ses parents jusqu'à 6 ou 7 fois par nuit et se montre incapable de retrouver le sommeil sans leur intervention. Dans bien des cas, le même enfant présente plusieurs problèmes.

Il n'existe pas de recettes miracles pour apprendre à un enfant à s'endormir seul, que ce soit au coucher ou lors des réveils nocturnes. Trois méthodes de rééducation au sommeil vous seront présentées, mais il en existe des variantes aussi nombreuses qu'il y a d'enfants et de parents. Ces méthodes s'adressent aux enfants en bonne santé de 6 mois et plus, âge auquel l'enfant n'a plus besoin, physiologiquement, de boire la nuit et est donc en mesure de dormir une nuit complète. Cependant, j'invite le lecteur à prendre en considération le besoin vital de sécurité chez son enfant. Un enfant qui vit difficilement les séparations de jour (admission à la garderie, déménagement, retour d'un parent sur le marché du travail, divorce, naissance d'un frère ou d'une sœur, etc.) peut trouver particulièrement difficile la séparation qu'impose l'apprentissage du sommeil seul. « On ne peut *casser* trop brusquement un enfant insécurisé par le monde des adultes et le laisser pleurer tout son soûl jusqu'à épuisement. On peut laisser brailler l'enfant qui a passé toute la journée avec son parent, mais pas celui qui se sent un peu abandonné**. » Par ailleurs, un point demeure essentiel durant la rééducation : les parents doivent résister à l'envie de prendre leur enfant dans leurs bras, de lui offrir un biberon ou de lui proposer quelque substitut que ce soit durant la nuit et ils doivent faire preuve de fermeté.

---

* D^{re} Marie-Josèphe Challamel et D^{re} Marie Thirion, *Mon enfant dort mal*, Paris, Retz – Pocket, 1993, p. 197.

** Dr Jean-François Chicoine et Nathalie Collard, *Le bébé et l'eau du bain*, Montréal, Québec Amérique, 2006, p. 213.

Voici maintenant quelques règles importantes que les parents doivent connaître :

- Tenez vos résolutions. Vous n'apprendrez pas instantanément à votre enfant à bien dormir. Si vos nuits sont déjà entrecoupées depuis quelques mois, suivre une stratégie susceptible d'aggraver la situation dans un premier temps requiert une volonté de fer. Pas question d'essayer juste pour voir et de faire ensuite marche arrière sous prétexte que l'enfant a réagi trop fort, a pleuré 2 heures d'affilée ou 3 nuits de suite.

- Soyez confiants. Les parents calmes et sûrs d'eux maximisent leurs chances de résoudre le problème en moins de 8 jours et, souvent, ils y arrivent dès la première nuit.

- Respectez-vous. Définissez vos forces et vos faiblesses en tant que parents. Choisissez une approche en harmonie avec vous et respectueuse de votre sensibilité. Ne choisissez pas une méthode parce qu'on vous la recommande vivement. Si vous vous sentez incapable de tolérer les pleurs et les réactions négatives de votre enfant, optez pour une méthode progressive.

- Conformez-vous aux règles. Lorsque vous avez choisi une stratégie et convenu des règles à adopter, préparez-vous à les respecter. Si vous hésitez ou êtes en désaccord avec votre conjoint sur la conduite à tenir, vous devriez réfléchir ensemble jusqu'à ce qu'un consensus soit établi. Abandonner une stratégie en cours de route est le meilleur moyen d'encourager votre enfant à se montrer plus tenace la prochaine fois. Les parents qui disent

« avoir tout essayé » sans succès pour faire dormir leur enfant sont souvent ceux qui ne respectent pas les règles édictées. Également, il peut être opportun de vous interroger sur vos propres sentiments et attitudes face au sommeil lorsque vous étiez vous-même enfant. Avez-vous ressenti de l'isolement, de la peur ou de l'abandon ? Craignez-vous que votre enfant se sente également abandonné ?

- Informez l'enfant de vos attentes. Faites-lui part de votre conviction d'agir pour le mieux-être de tous et assurez-le qu'il en sera le premier bénéficiaire. Il peut comprendre et, encore plus, ressentir. Soyez-en certain.

L'apprentissage du sommeil passe donc par une étape clé : apprendre à l'enfant à s'endormir seul. Traiter ses difficultés d'endormissement, c'est agir du même coup sur ses réveils multiples et prévenir l'apparition des bagarres en soirée. Voici maintenant, en détail, les techniques proposées.

> **La déprogrammation**

Il s'agit d'éliminer les associations inadaptées créées au cours des premiers mois. L'approche consiste à mettre l'enfant au lit et à l'y laisser sans retourner le voir avant le lendemain matin. Évidemment, il aura reçu un câlin au préalable et aura été prévenu de votre démarche, quel que soit son âge. Dites-lui combien vous l'aimez ! Même s'il le sait, il peut aimer l'entendre. Lorsque vous lui aurez souhaité bonne nuit, vous ne retournerez pas le voir. Attendez-vous à ce qu'il pleure lorsque vous le laisserez. Que ses cris durent 10 minutes ou 1 heure, votre enfant ne risque rien. Il retiendra quelque chose d'essentiel de cette épreuve : s'endormir par lui-même.

Consignes à suivre :

1- Installez votre bébé dans son lit (et non dans le vôtre) et dans sa propre chambre. Nous avons déjà expliqué l'importance pour le bébé de retrouver, lors de ses réveils nocturnes, les mêmes conditions qu'à son endormissement.

2- Vérifiez que rien n'est susceptible de le blesser.

3- Faites-lui un gros câlin. Assurez-vous qu'il a son doudou.

4- Dites à votre bébé que vous allez le laisser dormir, que vous ne reviendrez pas avant le lendemain matin, que tout ira bien et souhaitez-lui un bon dodo.

5- Quittez la chambre avant qu'il s'endorme.

6- Faites preuve de volonté et n'allez pas le prendre dans une demi-heure s'il pleure toujours. Sinon, vous lui inculquerez l'idée que cela vaut la peine de pleurer longtemps, car il finira alors par obtenir ce qu'il désire.

7- Si votre enfant se calme, ne retournez pas le voir, votre venue risquerait de déclencher de nouveaux pleurs.

8- Prévenez vos voisins que votre enfant risque de pleurer quelque temps pendant les nuits à venir en leur expliquant pourquoi.

Certains enfants peuvent pleurer et crier jusqu'à en vomir. Si cela arrive, armez-vous de deux serviettes : l'une pour essuyer les vomissures, l'autre pour recouvrir le drap souillé. Nettoyer sans dire un mot et sans le regarder. Souhaitez-lui bonne nuit selon votre formule habituelle et quittez la chambre.

Le lendemain, quelle qu'ait été l'attitude de votre enfant la veille, félicitez-le de ses efforts. Dites-lui qu'il est un grand de s'être enfin endormi tout seul et que vous êtes fier de lui.

Certains parents trouvent cette méthode barbare et cruelle. Ils souffrent en entendant pleurer leur bébé, cependant leur soulagement sera grand lorsqu'au bout de 3 nuits seulement, leur enfant dormira jusqu'au matin. Si vous ne pouvez tolérer les cris de votre enfant au-delà de 30 minutes, vous apprécierez davantage la prochaine technique.

➢ La rééducation graduelle

Cette méthode est largement conseillée par les pédiatres et elle peut donner des résultats en quelques nuits. Elle consiste à retourner dans la chambre de l'enfant qui pleure en espaçant de plus en plus les visites, il finira par se lasser et par s'endormir. Les pleurs d'un bébé sont cependant ce qu'il y a de plus pénible à supporter pour certains parents. Surtout si on s'imagine que l'enfant pleure comme nous, adultes, le faisons : par douleur ou par chagrin. Or, ce n'est pas le cas. Les bébés pleurent parce que c'est leur moyen d'exprimer un malaise ou tout simplement de se soulager. Les enfants pleurent lorsque ça ne va pas, ou quand ils sont fatigués, ou par habitude, ou pour vous impressionner. Il vous faut donc déterminer au préalable la durée pendant laquelle vous pouvez supporter de le laisser pleurer. Si c'est moins d'une minute, passez à la prochaine technique.

Même si quelques-unes des consignes sont identiques à celles de la première technique proposée, nous croyons utile de les répéter. Voici donc les consignes à suivre :

1- Installez votre bébé dans son lit (et non dans le vôtre) et dans sa propre chambre. Nous avons déjà expliqué l'importance pour le bébé de retrouver, lors de ses réveils nocturnes, les mêmes conditions qu'à son endormissement.

2- Vérifiez que rien n'est susceptible de le blesser.

3- Faites-lui un gros câlin. Assurez-vous qu'il a son doudou.

4- Dites à votre bébé que vous allez le laisser dormir, que c'est maintenant l'heure du lit, que tout ira bien et souhaitez-lui un bon dodo.

5- Quittez la chambre avant qu'il s'endorme.

6- S'il pleure ou s'il vous appelle, allez-y brièvement une seule fois pour vous rassurer sur le fait que rien de grave ne lui arrive. Dites-lui, d'une voix calme et ferme : « C'est l'heure du lit maintenant, tout va bien, dodo. » Ne pas le prendre, ne pas le bercer.

7- Quittez la chambre rapidement, n'y restez pas plus de 1 ou 2 minutes, qu'il se soit calmé ou non.

8- Laissez-le pleurer 5 minutes sans intervenir (chronométrez les temps d'attente – le temps peut vous sembler long et vous risquez d'aller le voir plus tôt que prévu).

9- Au bout des 5 minutes, retournez dans sa chambre sans l'éclairer, ne le prenez pas dans vos bras, ne le touchez pas, même pour le recoucher et

répétez-lui la même phrase de manière neutre :
« C'est l'heure du lit, maintenant, tout va bien,
dodo. »

10- Comptez maintenant un intervalle de 10 minutes
avant de retourner lui dire la même phrase. Ne
montrez ni sympathie ni énervement et empressez-
vous de quitter la chambre.

11- Comptez maintenant un intervalle de 15 minutes,
redites la même phrase, et là encore, ressortez très
vite. Comme les pleurs peuvent durer 1 heure
ou 2, essayez de vous occuper entre deux visites
dans la chambre du bébé : le temps vous paraîtra
moins long.

12- La première nuit, laissez pleurer votre bébé pendant 20 minutes au maximum entre chaque visite.

13- Recommencez la nuit suivante et augmentez peu
à peu le laps de temps où vous laissez votre bébé
seul. Ainsi, n'allez pas le voir avant 10 minutes et
fixez à 25 minutes le maximum d'attente entre
chaque visite.

14- La troisième nuit, n'allez pas le voir avant
15 minutes, et fixez à 30 minutes la durée maximale entre chaque visite, et ainsi de suite.

15- S'il semble s'être calmé, ne retournez pas le voir :
votre venue risquerait de déclencher de nouveaux
pleurs.

Enfin, quelle qu'ait été l'attitude de votre enfant la
veille, félicitez-le de ses efforts. Dites-lui qu'il est un grand
de s'être enfin endormi tout seul et que vous êtes fier de lui.

> **La tactique du baiser d'oiseau**

Pour certains parents, les techniques précédentes peuvent paraître trop brusques et difficiles à appliquer, soit parce que les intervalles sont trop longs avant de retourner voir le bébé ou parce que quitter la chambre est au-dessus de leurs forces. Voici donc une approche qui repose sur le principe de récompense. Elle est recommandée pour les enfants (et les parents !) anxieux, notamment à l'heure du coucher. Par ailleurs, cette méthode est appréciée par les parents d'enfants âgés de moins de 18 mois. Le but est essentiellement de garder le bébé allongé et de lui permettre ainsi de finalement s'endormir entre deux baisers légers et rapides.

Même si certaines consignes sont identiques à celles des deux premières techniques, nous croyons important de les répéter. Voici donc les consignes à suivre :

1- Installez votre bébé dans son lit (et non dans le vôtre) et dans sa propre chambre. Nous avons déjà expliqué l'importance pour le bébé de retrouver, lors de ses réveils nocturnes, les mêmes conditions qu'à son endormissement.

2- Faites-lui un gros câlin. Assurez-vous qu'il a son doudou.

3- Dites à votre bébé que vous l'embrasserez dans une minute et qu'il doit demeurer couché dans son lit.

4- Rangez une chose dans sa chambre, puis revenez l'embrasser. Le but est de l'inciter à rester couché, la tête sur le matelas. Continuez à venir l'embrasser tant qu'il reste allongé. S'il essaie de se redresser, ne le grondez pas : recouchez-le et rappelez-lui qu'il ne reçoit de baisers qu'en restant étendu.

5- Ne laissez pas votre technique dégénérer en futilités : il doit s'agir de baisers légers et rapides. Montrez-vous ferme : votre enfant ne sera récompensé que s'il se tient tranquille dans son lit.

6- Ne récompensez votre enfant qu'avec des baisers.. Toutefois, si vous avez mal au dos, caressez sa main ou sa tête quelques secondes seulement. Les câlins, histoires, discussions et boissons doivent être bannis à cette étape : ils appartiennent au rituel du coucher.

7- Attendez-vous à y consacrer du temps les deux premières nuits. Vous pouvez être amené à donner près de 300 bisous en 3 heures la première nuit.

8- Évitez d'embrasser votre bébé une dernière fois si vous pensez qu'il dort, car vous risqueriez de le réveiller inutilement.

Avec cette méthode, la plupart des enfants testent la résolution de leurs parents vers la cinquième nuit, mais si vous surmontez cette difficulté passagère, vous aurez gagné la partie.

Enfin, quelle qu'ait été l'attitude de votre enfant la veille, félicitez-le de ses efforts. Dites-lui, qu'il est un grand de s'être enfin endormi tout seul et que vous êtes fier de lui.

Pour conclure, consultez le tableau résumant les trois techniques à la page suivante.

De nombreux parents qui n'ont pas réussi à résoudre les problèmes de sommeil de leurs enfants sont tentés de recourir à la médication (somnifère ou sédatif), ne serait-ce que pour avoir au moins une bonne nuit de sommeil. Cependant, sachez qu'aucun médicament ne peut faciliter cet

Techniques de réhabilitation au sommeil

Techniques	Principe	Résumé
Déprogrammation	Mettre son enfant au lit sans retourner le voir jusqu'au matin.	• Dure. • Très rapide (résultat en 3 jours). • Requiert une volonté de fer.
Rééducation graduelle	Mettre l'enfant au lit et retourner le voir à intervalles de plus en plus longs.	• Populaire. • Rapide (quelques nuits). • Requiert du temps au début.
Tactique du baiser d'oiseau	Mettre l'enfant au lit et promettre de revenir l'embrasser dans une minute. Il ne recevra de baisers qu'en restant allongé.	• Rassurante pour vous. • Contraignante dans un premier temps. • Demande une semaine.

apprentissage. Les médicaments pour dormir, en effet, donnent parfois un résultat contraire, car l'enfant lutte alors plus fortement contre le sommeil. Ainsi, l'enfant sera très énervé le soir et plus facilement agité ou agressif durant la journée. De plus, les spécialistes du sommeil soupçonnent l'existence d'un lien entre ces médicaments et la mort subite du nourrisson.

Votre bébé ou votre enfant n'a pas besoin de somnifères. Il a besoin d'être compris et d'apprendre à bien dormir. Offrez-lui plutôt des « remèdes psychologiques » tels que l'attention, l'approbation, la considération, l'affection, l'écoute, les sourires et les câlins.

Chapitre 16

LES TROUBLES DU SOMMEIL

Rares sont les parents dont les enfants dorment à poings fermés ! Certains enfants marchent ou parlent en dormant, d'autres grincent des dents ou encore sont la proie de terreurs nocturnes. Quand nuit rime avec souci et que les difficultés de sommeil de nos enfants nous rendent la vie dure, il est temps de réagir.

Les parasomnies, qui comprennent la somniloquie (parler en dormant), le bruxisme nocturne (grincer des dents), le somnambulisme (marcher en dormant), les terreurs nocturnes, les cauchemars et l'énurésie* (uriner au lit), sont classées par le corps médical dans la catégorie des troubles du sommeil. Bien qu'embarrassantes, elles sont le plus souvent sans conséquences graves, car elles n'entraînent aucune somnolence durant le jour. Toutefois, elles diminuent la qualité et la quantité du sommeil de l'enfant et se répercutent sur ses rêves également. Examinons quelques détails relatifs à ces états particuliers du sommeil et voyons comment y remédier.

---

* L'énurésie ne fait pas véritablement partie des troubles du sommeil, car l'enfant énurétique dort bien. Cependant, un lit mouillé peut réveiller l'enfant et perturber son sommeil s'il a de la difficulté à se rendormir. À ce titre, nous avons choisi de traiter cette affection parmi les troubles du sommeil.

La somniloquie

Votre enfant parle-t-il durant son sommeil ? Ce phénomène inoffensif, sans conséquences et presque universel se nomme la somniloquie. La moitié des enfants parlent en dormant[*]. Que ce soit en sommeil lent ou en sommeil paradoxal, l'enfant conserve la faculté d'énoncer quelques mots ou un fragment d'idée, par exemple : « Viens ici... J'aime pas ça... J'ai dit non. » Ces paroles s'accompagnent fréquemment d'une émotion, notamment la peur, la colère, la joie ou le soulagement. Ces moments de verbalisation coïncident souvent avec un mouvement du dormeur pour replacer sa couverture ou son oreiller.

Le fait de prononcer un ou deux mots inintelligibles suppose que le dormeur se trouve en sommeil lent. S'il se met à parler en sommeil paradoxal, ses paroles sont généralement en rapport avec ce qu'il voit en rêve. Le parent présent peut alors converser avec le rêveur et obtenir de lui des réponses intelligentes à ses questions, mais il ne doit pas s'attendre à lui faire révéler les secrets enfouis dans son esprit. La conversation concernera surtout les événements des journées précédentes.

Comment réagir ? La somniloquie est un phénomène normal qui ne requiert aucune intervention.

Le bruxisme nocturne

Le bruxisme nocturne est communément appelé le grincement de dents. L'enfant frotte ses dents du bas sur celles d'en haut en contractant les muscles de sa mâchoire. Le bruit impressionnant et désagréable produit par cette

---

[*]   Dre Susan E. Gottlieb, *Les problèmes de sommeil des enfants*, Montréal, Éditions de L'Homme, 1998, p. 162.

162

action ne réveille pas le dormeur. Le bruxisme peut avoir lieu pendant chacun des stades du sommeil, y compris le sommeil de rêves. Il peut se produire fréquemment au cours de la même nuit, durer quelques secondes et être d'une forte intensité.

Ce sont les enfants qui souffrent le plus de ce problème, mais celui-ci diminue avec l'âge. « On estime qu'il survient chez environ 11 % des enfants âgés entre trois et sept ans. Entre 8 et 12 ans, l'incidence diminue autour de 6 %. Environ 2 % des adolescents ont ce problème[*]. » Le bruxisme peut réapparaître chez l'adulte en période de stress ou d'anxiété. À long terme, le frottement des dents a pour effet de les user et les contractions nocturnes se traduisent par des douleurs à la mâchoire durant la journée, voire des maux de tête.

Comment réagir ? Pour remédier à la situation, il faut consulter un dentiste, qui prescrira une plaque occlusive. Cet appareil buccal empêche le contact des dents durant la nuit ; le bruit disparaît et l'usure des dents diminue. Toutefois, cet appareil ne prévient pas la contraction des mâchoires. Ici, le dormeur doit apprendre à gérer son stress !

Le somnambulisme

De 10 % à 15 % des enfants entre 6 et 15 ans passent par des épisodes occasionnels de somnambulisme et environ 5 % sont somnambules plus de 15 fois par année. Le somnambulisme se manifeste généralement en début de nuit, au moment où le dormeur est en sommeil profond (un stade atteint lors du sommeil lent). À son réveil, l'enfant n'en garde aucun souvenir.

---

[*] Dr Charles Morin, *Vaincre les ennemis du sommeil*, Montréal, Éditions de l'Homme, 1997, p. 236.

Un épisode de somnambulisme peut se résumer à s'asseoir dans son lit, à manipuler les couvertures, à balayer la pièce d'un regard absent, pour finir simplement par se recoucher et se rendormir. Le comportement le plus fréquemment rapporté est celui de l'enfant qui sort de son lit et se promène lentement dans la pièce. Même s'il regarde droit devant lui, son regard est vide et il semble se déplacer sans intervention consciente. Il agit en donnant l'impression d'aller accomplir quelque chose. On peut lui parler et il répondra, mais souvent de façon incompréhensible ou inappropriée. Toutefois, la plupart des épisodes sont de courte durée (quelques minutes), sans gravité et n'exigent rien d'autre que d'en déterminer la cause. Il peut s'agir d'un déficit de sommeil ou d'un stress important.

Comment réagir ? Il n'y a pas grand-chose que l'on puisse faire. Il n'est pas conseillé de réveiller l'enfant, trop confus qu'il serait pour avoir le moindre souvenir de l'épisode. D'ailleurs, il ne saurait pas ce qu'il cherchait ni ce qui l'a amené là où il se trouve. Il y a lieu de le raccompagner tout simplement à sa chambre, sans le contrarier outre mesure. On doit absolument veiller à la sécurité d'un enfant qui se déplace pendant son sommeil, notamment en installant une barrière au sommet de l'escalier ou à la porte de la chambre, et en posant des verrous sécuritaires aux fenêtres et aux portes. Également, il peut s'avérer utile de fixer à la porte de la chambre de l'enfant une clochette destinée à alerter les parents.

Tandis que les épisodes de somnambulisme sont plutôt bénins et inoffensifs chez les enfants, ils sont parfois à l'origine de blessures chez les adolescents, lesquels s'aventurent plus audacieusement dans des endroits dangereux. Il est alors conseillé de ramener le dormeur doucement dans son lit en lui chuchotant à l'oreille qu'il peut se recoucher et qu'on s'occupera soi-même de ce qu'il allait faire. Si les crises sont fréquentes (trois fois par mois et plus), il est recommandé de consulter un médecin.

Les terreurs nocturnes

Un autre état particulier du sommeil se manifeste par des terreurs nocturnes. Elles se produisent généralement en début de nuit, une à deux heures environ après l'endormissement de l'enfant. Ce dernier est alors en sommeil lent. De façon générale, une crise de terreurs nocturnes ressemble à ceci : l'enfant crie, pleure à l'occasion, s'assoit dans son lit, regarde fixement, se débat parfois, transpire beaucoup, respire de façon saccadée et son cœur bat rapidement. Sa peur passée, il se couche et se rendort. Le lendemain, il ne se souvient de rien, mais les parents, eux, gardent un net souvenir de l'expression terrifiée de leur enfant.

Cinq pour cent des enfants connaissent des terreurs nocturnes[*]. Celles-ci se produisent le plus souvent entre 6 mois et 6 ans et atteignent leur apogée entre 3 et 4 ans. Elles se produisent plus fréquemment quand l'enfant est fatigué. Un enfant sujet aux terreurs nocturnes doit dormir suffisamment, surtout quand son horaire de sommeil risque d'être perturbé (voyage, vacances, etc.).

Lorsque les terreurs nocturnes se produisent chez un enfant de plus de 6 ans, on doit envisager des facteurs psychologiques. À cet âge, elles peuvent être attribuables au stress ou à une expérience angoissante. Souvent, l'enfant réagit de façon normale durant le jour, mais ses angoisses se déploient sans inhibition durant la nuit. Dans ce cas, l'intervention d'un thérapeute pourrait être bénéfique.

Comment réagir ? Tout comme pour le somnambulisme, il est conseillé de parler à l'enfant doucement et lentement, de lui caresser le bras ou le front, sans toutefois le réveiller ; on pourra ainsi l'aider à recouvrer un sommeil

---

[*] Dre Susan E. Gottlieb, *op. cit.*, p. 157.

paisible. Il est suggéré par ailleurs de lui chanter une berceuse, celle qu'il avait l'habitude d'entendre lorsqu'il était petit. Ce soin peut s'avérer suffisant pour le rassurer et lui permettre de retrouver un sommeil calme. Le plus souvent, l'enfant ne semble pas réagir à la présence d'une autre personne. La meilleure attitude est d'attendre la fin de l'épisode en s'assurant qu'il ne se blesse pas, notamment s'il se débat beaucoup.

Les cauchemars

Le cauchemar est un rêve dont le contenu est troublant ou angoissant. Il est défini comme trouble du sommeil, car il réveille celui qui le fait. Les cauchemars sont très fréquents chez les enfants.

La période de 3 à 6 ans est celle où les cauchemars font le plus couramment leur apparition. Or, plus l'enfant est jeune, plus il rêve souvent et longtemps. Les nouveau-nés, et en particulier les prématurés, ont, en fait, les périodes de sommeil paradoxal (sommeil de rêves) les plus longues. Quelle que soit la durée totale de son temps de sommeil, le nouveau-né en passe une grande partie en sommeil paradoxal, soit de 50 % à 65 %, pour un total approximatif de neuf heures par jour. Pour un enfant de 2 à 5 ans, le temps de rêve s'abaisse à 25 % ou 35 % du temps de sommeil (environ deux heures et demie) ; l'enfant de 5 à 13 ans, lui, ne rêve plus que pendant 20 % à 25 % de son temps de sommeil (une heure et demie).

Nous ignorons si les périodes de sommeil paradoxal chez le bébé sont accompagnées d'une imagerie mentale. Nous ne sommes pas en mesure de le vérifier. Cependant, dès l'âge de 1 an à 2 ans, des enfants rapportent avoir fait des rêves. Ils sont donc susceptibles de faire également des mauvais rêves et de véritables cauchemars. D'ailleurs, dans la majorité des cas, ils se souviennent davantage des rêves effrayants ou simplement contrariants que des rêves agréables ou neutres. Il est facile de reconnaître un enfant qui vient de faire un cauchemar : il s'éveille en sursaut, anxieux et souvent en pleurs. Il lui faudra du temps pour être rassuré et comprendre que ce qui l'a effrayé dans son rêve ne s'est pas vraiment passé. Le contenu des cauchemars se répartit généralement comme suit[*] :

- à 2 ans : peur d'être mordu, mangé ou attaqué ;

- de 3 à 5 ans : présence d'animaux féroces ;

- de 6 à 12 ans : figures humaines menaçantes, étrangers malveillants, bêtes étranges et dangereuses ;

- de 13 à 16 ans : situations de rejet, de ridicule, de découragement, de manque d'estime de soi et même de dépression.

La fréquence des cauchemars décroît habituellement avec l'âge et leurs épisodes sont peu à peu oubliés. Néanmoins, il est important de vous assurer que les histoires que vous racontez à votre enfant ou les films qu'il regarde ne sont pas de nature à l'effrayer.

Comment réagir ? Chez le jeune enfant, les cauchemars se traduisent en général par des peurs irrépressibles. En pareil cas, la meilleure attitude est avant tout de le réconforter et de le rassurer. Ensuite, faites-lui raconter son cauchemar, approuvez ses réactions et, au besoin, inspectez sa chambre pour le rassurer. S'il a plus de 5 ans, il est possible de l'aider à distinguer le rêve de la réalité. Enfin, suggérez-lui de faire appel aux pouvoirs magiques de ses héros pour lui porter

---

[*] Brigitte Langevin, *S.O.S. cauchemars*, Montréal, Flammarion Québec, 2005, p. 88.

secours dans ses rêves. On trouvera en librairie des livres d'histoires destinés à fournir aux enfants des modèles à imiter pour apprivoiser le sommeil et surmonter les menaces du cauchemar.

Chez les plus vieux, le cauchemar peut refléter l'étape difficile de l'adolescence (bouleversement des premières amours, intégration dans un groupe, etc.), certains événements familiaux douloureux (séparation des parents, maladie d'un proche, alcoolisme ou violence familiale, etc.) ou les scènes de violence vues à la télévision. La meilleure stratégie à adopter avec ces personnes est de les écouter et de les aider à associer les sentiments éprouvés dans leur rêve à une situation de la vie éveillée qui suscite le même état affectif. Par exemple, si elle raconte avec horreur avoir vu en rêve quelqu'un se faire défigurer, vous pourriez lui demander si elle ne redoute pas actuellement une situation où elle pourrait perdre la face. En effet, les personnages d'un rêve reflètent souvent une partie de soi.

L'énurésie

On parle d'énurésie nocturne lorsque l'enfant perd ses urines de manière régulière, après l'âge de 4 ans. Même si la plupart des enfants sont capables de passer la nuit sans porter de couche entre 2 et 4 ans, il n'est pas utile de traiter une énurésie avant l'âge de 5 ans, car l'enfant doit être conscient de son problème, comprendre certaines de ses implications et avoir le désir de le surmonter. En d'autres mots, le traitement de l'énurésie nécessite une bonne coopération de l'enfant. Aussi, interdisez les taquineries, les observations négatives et tout commentaire déplaisant de la part de l'entourage. Les frères et sœurs peuvent parfois se montrer cruels, ce qui n'arrangerait en rien la situation. Il existe en fait deux types d'énurésie : l'énurésie primaire et l'énurésie secondaire.

> **L'énurésie primaire**

L'enfant n'a jamais été propre et il mouille son lit régulièrement depuis longtemps. « À l'âge de 5 ans, 17 % des garçons et 13 % des filles mouillent encore leur lit[*]. » L'une des causes serait une étroitesse anormale de la vessie. D'ailleurs, ces enfants éprouvent plus fréquemment le besoin d'uriner pendant la journée. La réduction de la consommation de liquides en soirée et le réveil périodique de l'enfant pour le faire uriner aux toilettes sont des stratégies couramment employées mais guère utiles. Avec une vessie trop petite, l'enfant risque tout de même de mouiller son lit plus tard dans la nuit. De toute façon, il ne perçoit pas les signaux de sa vessie au moment où la miction s'impose.

Comment réagir ? L'éducation est un élément clé du traitement. Les parents et l'enfant doivent comprendre les mécanismes de la miction et les causes de l'incontinence. L'enfant doit savoir clairement qu'il n'est ni paresseux ni méchant et que plusieurs de ses petits camarades affrontent le même problème.

Dans un premier temps, l'enfant devra prendre conscience des sensations de son propre corps ; il aura besoin de votre aide. Un petit exercice peut lui être proposé : le « stop-pipi ». Pendant qu'il urine, l'enfant doit s'exercer à interrompre le jet au milieu de la miction, uriner encore, puis arrêter de nouveau. Un adulte peut lui donner le signal d'arrêt. L'enfant sentira ainsi qu'il a un pouvoir sur son sphincter, qu'il en possède la maîtrise.

Quand l'enfant sent qu'il peut réguler à volonté son jet urinaire, il est temps de lui faire éprouver ce qu'est une vessie pleine. Il s'agit d'augmenter ses rations d'eau quotidiennes et de lui demander de se retenir au moins 5 minutes

---

[*] Heather Welford, *Aidez votre enfant à dormir*, Saint-Constant, Broquet, 2004, p. 100.

avant d'aller uriner lorsque l'envie se fait sentir. La deuxième journée, il pourra patienter 10 minutes, 15 minutes la troisième journée, et ainsi de suite. En plus de dilater sa vessie, cet exercice apprend à l'enfant à reconnaître la sensation du besoin d'uriner.

Tout au long du processus, les encouragements et les récompenses de la part des parents nourriront la motivation de l'enfant. Les parents peuvent également concevoir un agenda d'entraînement à la propreté où les progrès de l'enfant seront enregistrés. Celui-ci devra aussi apprendre à se responsabiliser, c'est-à-dire à assumer la conséquence de ses actes. Par exemple, s'il a mouillé son lit, ce sera à lui de changer ses draps et de mettre à la lessive les vêtements et la literie mouillés.

On peut considérer que l'enfant aura surmonté son énurésie au bout de 2 semaines de nuits sèches. En cas d'échec, consultez votre pédiatre ; un traitement mécanique (appareil Pipi-stop)* ou médicamenteux pourra être suggéré. Le recours aux médicaments, toutefois, ne se justifie qu'après l'échec de toutes les autres tentatives et spécialement afin de procurer à l'enfant, ou même à l'adolescent (2 % des adolescents souffrent d'énurésie) une vie sociale normale et la possibilité de partir en colonie de vacances ou avec des amis sans risquer d'être humilié.

> **L'énurésie secondaire**

L'enfant se remet à mouiller son lit après avoir été propre durant au moins 6 mois. Le facteur déclenchant est parfois évident : la naissance d'un nouvel enfant dans la famille, un déménagement, la maladie d'un parent, une situation familiale difficile, une hospitalisation de l'enfant.

---

* Le lecteur trouvera de l'information utile à www.pipi-stop.ch/ reussir.htm.

Comment réagir ? Laissez-lui le temps de s'adapter. Cependant, une consultation médicale peut s'avérer nécessaire si l'enfant demande de l'aide. Les parents peuvent prendre le rendez-vous et l'accompagner, mais ils devraient le laisser présenter lui-même sa demande au pédiatre. Un enfant capable de s'assumer ainsi a de fortes chances de résoudre son problème sans tarder.

Pour terminer, voici un tableau résumant les différents troubles du sommeil, leurs caractéristiques et la façon d'y remédier.

Les différents troubles du sommeil

Troubles du sommeil	Caractéristiques	Comment réagir
Somniloquie	Parle en dormant.	Ne requiert aucune action.
Bruxisme nocturne	Grincements de dents durant le sommeil et parfois de forte intensité.	Consulter un dentiste (risque d'usure dentaire prématurée).
Somnambulisme	Déambule dans la maison durant son sommeil et n'en a aucun souvenir le lendemain matin.	Ne pas le réveiller et le ramener dans son lit délicatement.
Terreurs nocturnes	L'enfant crie, pleure, se débat parfois, a le regard fixe et respire de façon saccadée. Il n'en a aucun souvenir le lendemain matin. Elles ne se produisent qu'en début de nuit.	Ne pas le réveiller, lui parler doucement à l'oreille pour le rassurer jusqu'à ce qu'il retrouve un sommeil calme. Si les terreurs sont fréquentes, l'intervention d'un thérapeute sera bénéfique.

Troubles du sommeil	Caractéristiques	Comment réagir
Cauchemars	S'éveille en sursaut, anxieux et en pleurs. Il a besoin d'être rassuré. Il s'en souvient le lendemain matin.	Le rassurer, l'inviter à raconter son cauchemar et mobiliser avec lui des alliés qui lui porteront secours si le mauvais rêve revient.
Énurésie primaire	L'enfant, âgé de plus de 4 ans, n'a jamais été propre et mouille son lit régulièrement.	L'exercer à percevoir les signaux d'une vessie pleine et à maîtriser le sphincter urinaire.
Énurésie secondaire	Un enfant propre la nuit depuis au moins 6 mois se remet à mouiller le lit.	Consulter son pédiatre. La participation de l'enfant est essentielle au processus de guérison.

Chapitre 17

LES MALADIES DU SOMMEIL

On a tendance à penser que les maladies du sommeil ne touchent que les adultes. Or, elles sont très fréquentes chez les enfants. Nous examinerons ici trois de ces maladies ainsi que leur traitement ou les mesures à prendre à titre préventif. Ces maladies sont : l'apnée du sommeil, qui peut perturber la nuit des enfants de tout âge ; le syndrome de mort subite du nourrisson, qui survient sournoisement chez le bébé de 0 à 12 mois ; et le syndrome de Kleine-Levin, susceptible d'atteindre particulièrement les garçons durant l'adolescence.

L'apnée obstructive du sommeil

L'apnée obstructive est caractérisée par un ronflement et par de courts arrêts respiratoires d'une durée de 10 secondes et plus, avec des signes de lutte et d'effort. Finalement, la reprise respiratoire coïncide avec un réveil très bref ou l'allègement du sommeil. L'apnée peut se produire à n'importe quel âge, de la naissance jusqu'à l'adolescence, et plus souvent encore à l'âge adulte. Seuls les symptômes et solutions concernant les jeunes seront abordés dans les lignes qui suivent.

Beaucoup d'enfants ronflent la nuit quand ils ont des rhumes ou, de temps en temps, lorsqu'ils sont dans certaines positions, par exemple lorsqu'ils sont couchés sur le dos, le menton appuyé sur la poitrine. C'est banal. Cependant, si, en plus du ronflement, la respiration demande un effort, si elle est bruyante, sifflante, il faut agir. Ronfler régulièrement n'est pas normal durant l'enfance et à l'adolescence. Trop de parents croient que les ronflements de leur enfant sont normaux.

En principe, un enfant respire aisément par le nez, sauf quand il est enrhumé, bien sûr. Les symptômes[*] d'une apnée obstructive du sommeil se manifestent au cours du sommeil par :

- un ronflement permanent très sonore ;

- une respiration avec la bouche ouverte ;

- des pauses respiratoires avec signes de lutte ;

- une transpiration anormale ;

- une position de sommeil anormale : assis ou tête très renversée vers l'arrière ;

- un sommeil très agité ;

- un réveil extrêmement difficile le matin.

Et ces symptômes se reconnaissent dans la journée par :

- de l'agressivité, de l'hyperactivité, de l'encombrement (mucus) dans le nez et la gorge, des otites chez le jeune enfant ;

- des céphalées matinales, de la somnolence anormale, des difficultés scolaires chez l'adolescent.

---

[*] Dr Jacques Grosbois et Michèle Le Pellec, *Apnées, ronflements et troubles du sommeil*, Montréal, Option Santé, 2003.

Sur le plan physique, une surcharge pondérale peut être une donnée à prendre en considération chez le jeune enfant et l'adolescent. Tous les signes énumérés ci-dessus traduisent une obstruction des voies aériennes gênant le passage de l'air. Au moindre doute, il est bon de consulter un médecin. Neuf fois sur dix la cause est toute simple : une hypertrophie des amygdales ou la présence de végétations (adénoïdes) bloque le passage de l'air jusque dans ses poumons. Leur ablation permet de rétablir la respiration nocturne et améliore considérablement, par voie de conséquence, le comportement et le rendement scolaires de l'enfant durant la journée.

Le syndrome de mort subite du nourrisson (SMSN)

Au Canada, le SMSN est la principale cause de décès chez les nourrissons âgés d'un mois à un an. Aussi connu sous le nom de *mort au berceau*, le SMSN touche 1 bébé sur 3 000. Un nourrisson apparemment en bonne santé tombe endormi dans son lit, sa poussette, son siège d'auto ou dans les bras de ses parents pour ne plus jamais se réveiller. Aucun signe de souffrance n'est associé au décès. Nous savons que cet accident survient le plus souvent entre 2 et 4 mois, dans 90 % des cas avant 9 mois, et que ses victimes sont plutôt des garçons que des filles (dans 3 cas sur 5).

Même si la mort subite du nourrisson a été reconnue comme syndrome dès 1963[*], ce n'est que depuis les années 1970 que de nombreux efforts de prévention ont été fournis par plusieurs équipes médicales. À partir de 1973[**], on a aussi noté la mort subite d'un deuxième nourrisson dans la même famille et on a relevé des cas où le bébé a pu être ranimé grâce à une intervention immédiate. Des études

---

[*] Dr William Dement, *Avoir un bon sommeil*, Paris, Odile Jacob, 2000, p. 192.

[**] Association le Cairn, *La mort subite du nourrisson*, Paris, Ellipses, 2000.

ont alors permis de supposer que le SMSN serait dû à l'apnée du sommeil, c'est-à-dire à un arrêt respiratoire survenant pendant le sommeil. Cependant, malgré le programme de prévention du SMSN mis en place en fonction de l'hypothèse de l'apnée dans plusieurs pays, il n'a pas été observé la moindre diminution de sa fréquence. Bien au contraire, les cas de SMSN se sont multipliés jusqu'à la fin des années 1980.

Durant toutes ces années, des études suffisamment nombreuses et fiables ont finalement permis d'éliminer l'apnée du sommeil comme cause principale de la mort subite du nourrisson. Par ailleurs, d'autres ont permis d'établir que la position dorsale était la plus sécuritaire pour le sommeil des nourrissons. Depuis les années 1990, cette recommandation s'est avérée particulièrement efficace, puisque dans toutes les régions où elle a été appliquée, notamment au Canada, les cas de MSN ont diminué dans une proportion d'environ deux tiers.

Depuis, les théories sur les causes du SMSN se sont multipliées. Les études des dernières années convergent vers la présence possible de troubles cardiorespiratoires liés à l'immaturité du système nerveux.

Les recommandations actuelles pour prévenir le risque de SMSN sont indiquées dans le tableau de la page suivante.

Il est important de se rappeler que ni les parents ni la famille ne sont responsables du SMSN. Il n'est pas dû à un rôle parental déficient ni à un manque d'attention sur le plan physique, émotionnel ou spirituel. Les mesures de prévention ont contribué à faire baisser la mortalité de 75 % et on n'a rien trouvé de mieux jusqu'à maintenant pour parer la mort subite du nourrisson.

**MOYENS PRÉVENTIFS
PERMETTANT DE RÉDUIRE LE RISQUE DE SMSN**

Coucher le bébé sur le dos dès la naissance et pendant la première année de vie :

- supprimer la position ventrale ;
- éviter la position sur le côté ;
- pendant les phases d'éveil, faire jouer le nourrisson sur le ventre.

Utiliser une literie de sécurité jusqu'à 2 ans :

- lit à montants rigides ;
- matelas ferme, de dimension bien adaptée au lit ;
- pas d'oreiller ;
- interdiction des couettes et de tout objet pouvant gêner la respiration de l'enfant.

Veiller à l'environnement de l'enfant :

- température ambiante à 19-20 °C dans la chambre ;
- interdiction de fumer dans les pièces où séjourne l'enfant (la fumée secondaire est aussi nuisible cependant) ;
- proscription de tout médicament calmant (suppositoire, sirop antitussif ou contre la fièvre) ;
- en tout temps, notamment à la grossesse et pendant l'allaitement, suppression de tous les produits toxiques pouvant entraîner des arrêts respiratoires (tabac, café, sédatifs et, bien sûr, toutes les drogues).

Protéger le sommeil des enfants de moins de 6 mois :

- éviter les privations de sommeil (suppression des siestes) ;
- éviter les horaires irréguliers ;
- éviter les ruptures du rythme de vie et les changements brutaux d'habitudes.

Le syndrome de Kleine-Levin

Il s'agit d'une hypersomnie caractérisée par un besoin excessif de sommeil, un sommeil nocturne prolongé et une somnolence diurne importante. Il ne faut surtout pas confondre cet état avec le grand besoin de repos des enfants malades. L'accès de fièvre, les maladies infectieuses banales (rougeole, varicelle) ou plus graves (grippe, pneumonie) induisent temporairement chez l'enfant un besoin accru de sommeil.

Le syndrome de Kleine-Levin est une pathologie plutôt rare touchant presque exclusivement les garçons entre 10 et 20 ans. Il consiste dans des accès de sommeil, ou plutôt de torpeur, au cours desquels le jeune reste allongé, somnolent. Ce syndrome évolue par crises de quelques jours à une ou deux semaines, à raison d'une ou plusieurs fois par an. Il s'accompagne de troubles alimentaires, de problèmes du comportement parfois graves (agressivité) et d'une sexualité débordante, débridée. Entre les crises, l'adolescent est tout à fait normal. Aucun test à ce jour ne permet de porter un diagnostic objectif probant, ce qui est toujours difficile pour le jeune et sa famille. Ce syndrome disparaît à la fin de l'adolescence ; à coup sûr, tous les signes disparaissent avant 30 ans.

Il existe des variantes cliniques qui sont des formes incomplètes du syndrome de Kleine-Levin, sans troubles de comportement sur le plan alimentaire ou sexuel. Chez la fille, par ailleurs, on note parfois une hypersomnie périodique menstruelle.

L'adolescent hypersomniaque non reconnu peut être perçu à tort pour un individu paresseux ou porteur d'une pathologie mentale grave, ce qui est regrettable, surtout si le parent lui impose un traitement médical ou psychiatrique.

Si votre croyez que votre enfant souffre d'une maladie du sommeil, n'hésitez pas à consulter votre pédiatre. Étant donné que dans certains cas l'enfant doit être observé pendant la nuit, il vous adressera à un laboratoire du sommeil. Au Québec, deux centres hospitaliers ont les installations nécessaires pour étudier le sommeil chez les enfants : l'Hôpital de Montréal pour enfants et le Centre universitaire hospitalier Sainte-Justine.

CONCLUSION

Un enfant qui dort bien, rien n'est plus beau, plus touchant : toute la tendresse du monde se trouve là.

Jacqueline Dana,
Donner la vie

De la vie fœtale à l'adolescence, le sommeil se construit et s'organise. De toute évidence, le rôle des parents est essentiel pour aider l'enfant à apprivoiser l'art de bien dormir.

Ceux qui utilisent l'expression « dormir comme un bébé » pour décrire un sommeil profond et ininterrompu n'ont certainement jamais eu d'enfant ! En effet, pour parvenir à un sommeil régulier et harmonieux, le nourrisson doit faire montre d'une adaptabilité absolument exceptionnelle, et ceux qui l'atteignent sans heurts demeurent des cas isolés.

Néanmoins, les parents ne sont pas démunis devant une telle entreprise. Ce livre leur permettra certainement d'éviter les pièges les plus courants et de profiter des stratégies expérimentées avec succès par de nombreux parents pour remédier aux difficultés de sommeil de leur enfant. Ces stratégies tiennent également compte des données de la psychologie infantile et de nombreuses recherches sur le sommeil de l'enfant.

Retenez, cependant, que les études scientifiques ne résoudront jamais en entier la problématique du sommeil chez les enfants, car la meilleure façon de soigner leur sommeil demeure encore la présence continue d'un parent aimant. Il convient également de se rappeler que la fermeté est un geste d'amour et un besoin essentiel dans le développement des enfants et l'établissement d'un sommeil réparateur et sans interruption. Ce sommeil est d'autant plus précieux lorsque arrive la période de l'adolescence. Les parents doivent alors maintenir leurs efforts d'éducateurs du sommeil afin de favoriser le développement harmonieux de leur enfant.

Prenez plaisir à votre rôle de parent, malgré l'épuisement des premiers mois et les difficultés des premières années. Un enfant n'est-il pas le plus merveilleux cadeau de la vie ?

Annexe I

QUESTIONS DE PARENTS

➢ **Faut-il réveiller un bébé pour lui donner à manger ?**

En principe, non. Il faut profiter d'un réveil spontané du bébé pour lui donner le biberon ou la tétée. D'ailleurs, on ne devrait jamais réveiller un bébé qui dort. Il en va tout autrement pour les prématurés ou les bébés de petit poids (c'est-à-dire de moins de 5 kg). Ces derniers ont besoin d'être nourris fréquemment, car ils n'ont pas suffisamment de réserves et sont parfois trop faibles pour « réclamer ». Toutefois, à partir de 4 mois environ, on peut les aider à se régulariser en les faisant manger à des heures plus régulières durant la journée.

➢ **Mon bébé dort peu dans la journée. Est-ce normal ?**

En général, très tôt, les bébés qui dorment peu sont qualifiés de mauvais dormeurs. Les parents, croyant qu'il n'y a rien à faire, laissent leur bébé acquérir de mauvaises habitudes de sommeil, alors qu'ils peuvent lui en inculquer des bonnes. La plupart des nourrissons sont de bons dormeurs potentiels et une petite intervention peut suffire à leur apprendre à bien dormir. La deuxième partie du présent ouvrage apporte beaucoup de précisions utiles à ce sujet.

Également, le peu de temps de sommeil de votre bébé s'explique peut-être par l'ambiance trop excitante du foyer. Dans ce cas, non seulement le bébé dort peu, mais de plus il pleure souvent ! Étant donné l'importance du sommeil pendant les premières années, mettre le bébé au lit est la première solution à adopter quand il pleure en dépit des soins prodigués. Il importe néanmoins de favoriser son endormissement en réunissant les conditions habituelles préalables. Un enfant ne doit pas être constamment stimulé. Il a aussi besoin de calme, de tranquillité, de stabilité.

> **Faut-il faire silence lorsque mon bébé dort ?**

Votre nouveau-né n'a pas besoin de silence pour dormir. Habitué qu'il est aux bruits qu'il percevait à l'intérieur de l'utérus, il n'est généralement pas dérangé par les bruits normaux de la maison. Avec l'âge, le sommeil de votre bébé peut devenir très léger dans certaines phases de son sommeil. Si vous lui avez inculqué l'habitude de dormir malgré les bruits ambiants, vous n'aurez pas à décréter un couvre-feu chaque fois qu'il dort.

> **Doit-on laisser pleurer un bébé ?**

Répondre aux appels de votre enfant est un élan spontané et naturel ; il faut surtout convenir de la manière et du moment de le faire. Laisser pleurer votre bébé de façon régulière sans répondre à ses besoins légitimes risque de faire naître en lui une mauvaise image de lui-même qu'il traînera sa vie durant, se sentant carrément rejeté et impuissant à s'exprimer. Il y a toutefois des situations où il n'est pas dramatique de laisser pleurer votre enfant, par exemple lorsque vous le déposez dans son lit après lui avoir prodigué tous les soins et toute l'affection dont il a besoin. En pareil cas, il n'est pas rare de le voir finalement s'endormir. Il existe plusieurs situations similaires où il est envisageable de laisser pleurer le bébé ; c'est à vous de déterminer son seuil de tolérance.

> **Mon bébé de 6 semaines s'endort au sein au bout de 5 minutes la nuit. Comme il n'a pas assez bu, il se réveille à nouveau une heure plus tard. Que puis-je faire ?**

La nuit, le nourrisson est fatigué. Une fois soulagée la part « douloureuse » de la faim et satisfait le besoin de téter, bébé, bien blotti au chaud dans vos bras, se rendort, l'estomac à moitié vide. Il existe différents moyens de le maintenir éveillé. D'abord, changez sa couche avant de lui donner à boire, afin de le réveiller davantage, et découvrez-le légèrement afin qu'il ne soit pas trop au chaud. Lui caresser le lobe de l'oreille pendant la tétée peut également stimuler son état d'éveil. Par ailleurs, si votre bébé prend l'habitude de s'endormir au sein durant la nuit, vous risquez d'avoir du mal à l'en défaire. Il réclamera votre sein chaque fois qu'il aura du mal à se rendormir. Il est donc conseillé, une fois la tétée terminée, de prendre votre tout-petit verticalement contre vous le temps du rot, puis de le recoucher avant qu'il se soit complètement rendormi.

> **À quel âge mon bébé doit-il faire ses nuits ?**

Inutile de l'espérer avant qu'il ait atteint un minimum de 5 kg, ou 12 lb. En général, c'est vers 3 ou 4 mois que le bébé en bonne santé atteint ce poids. Mais il est difficile d'établir un âge précis, étant donné les multiples facteurs qui interviennent d'un enfant à un autre. Il ne faut pas vous inquiétez outre mesure si à 4 mois votre enfant ne fait pas ses nuits, c'est-à-dire s'il ne dort pas 5 ou 6 heures consécutives. Il a seulement besoin d'être aidé. Régularisez ses horaires de lever et de coucher ainsi que ses heures de repas. Cette régularité favorisera l'apparition de périodes d'éveil de plus en plus longues durant la journée et de plages de sommeil de plus grande durée pendant la nuit.

> **Que privilégier pour mon bébé : la tétine ou le pouce ?**

Téter est pour le bébé un plaisir fondamental. Certains découvrent tout seuls le pouce, et c'est sûrement la réponse la plus naturelle à leur recherche de plaisir. Cette pratique ne déforme pas la cavité buccale, tout au moins au début de la vie, ni plus tard quand elle ne devient qu'un rituel d'endormissement. Dans d'autres cas, les parents proposent une tétine au bébé pour le calmer. C'est tout à fait acceptable jusqu'à l'âge de 3 mois, mais n'oubliez pas que bébé aura toujours besoin de vous pour la retrouver ! C'est donc une bonne chose qu'il trouve d'autres moyens de se calmer et de s'endormir, par exemple un doudou.

> **Devrions-nous laisser dormir notre bébé dans notre lit ?**

Les avis sont très partagés sur ce sujet ; selon les pays et les cultures, les coutumes diffèrent. Au Québec, les spécialistes de l'enfance ne sont pas favorables à ce qu'on appelle le *co-sleeping*. Pendant les premiers mois, il importe certes de répondre aux besoins du bébé, d'être présent et très proche de lui. Toutefois, il est également essentiel de lui apprendre à s'endormir seul, sans la présence de ses parents à ses côtés. L'éducation au sommeil s'entreprend dès les premiers jours de vie et ce qui vous paraît un peu difficile maintenant vous facilitera grandement la vie demain.

> **Nous avons tout essayé afin que notre enfant de 3 ans s'endorme seul et dorme seul toute la nuit : les chansons, la lumière, la sévérité, rester auprès de lui. Y a-t-il quelque chose d'autre à faire ?**

Les parents chaleureux et attentifs ont fréquemment du mal à se faire écouter et à fixer des limites quand arrive l'heure du dodo. Or, toute mauvaise habitude acquise par l'enfant est sans contredit la conséquence d'un précédent créé par vous. C'est uniquement en modifiant votre conduite que vous parviendrez à briser le cercle vicieux. Il est possible que vous ayez à redéfinir vos limites et les règles auxquelles vous voulez soumettre le sommeil de votre enfant. Des techniques sont proposées au chapitre 15 afin d'apprendre à votre enfant à s'endormir seul. À vous de choisir celle qui vous convient le mieux... et de vous y tenir.

> **Ma fille de 5 ans se lève le matin avant le soleil et cela m'épuise. Que puis-je faire ?**

Si vous n'avez pas de plaisir à vous lever à l'aurore en même temps que votre fille, la solution consiste à lui apprendre à patienter gentiment, seule dans son lit, pour vous accorder davantage de repos. À cette fin, vous installez une minuterie à sa lampe de chevet et prévenez votre fille qu'elle pourra se lever et jouer dans sa chambre tranquillement, mais qu'elle ne doit pas en sortir ou vous appeler tant que la lumière de sa lampe n'est pas allumée. Pour commencer, réglez la minuterie à une heure légèrement plus tardive que celle où votre fille se lève. Quand l'habitude sera prise, vous pourrez progressivement modifier l'heure en fonction de ce qui convient le mieux pour l'ensemble de la famille. Une autre solution consiste à se lever à tour de rôle : le papa un matin, la maman le lendemain et ainsi de suite.

> **Nos enfants âgés de 5 et 10 ans (un garçon et une fille) partagent la même chambre. Est-ce une bonne idée ?**

Pour les enfants de sexe opposé, il est certainement avantageux d'attribuer une chambre à chacun, si c'est possible. C'est particulièrement indiqué s'il y a un écart d'âge appréciable entre les deux enfants. Les différences de centres d'intérêt et d'horaires de lever et de coucher rendent sans doute la cohabitation difficile, mais pas impossible. Elle exige toutefois de l'aîné de la patience et du plus jeune le respect de ce qui ne lui appartient pas.

> **L'heure du dodo est une crise quotidienne que je n'arrive plus à gérer, que puis-je faire ?**

Voici deux ressources gratuites utiles à cette fin :

- **Éducation coup-de-fil**

   Service bilingue, anonyme, confidentiel et gratuit de consultation professionnelle par téléphone pour les difficultés courantes des relations entre parents et enfants. Un intervenant d'expérience, possédant une formation professionnelle en travail social, en psychologie ou en psychoéducation vous répondra. Il vous aidera à trouver le « quoi faire » et le « comment faire ». Un suivi est même effectué par la suite. Un parent, un adolescent, des amis peuvent appeler. Voici le numéro à composer :

   514 525-2573

   Le service est offert de septembre à juin, du lundi au vendredi de 9 h à 16 h et les mercredi et jeudi de 18 h 30 à 21 h.

- **La ligne parents**

   Service téléphonique bilingue uniquement pour les parents, spécialisé dans les relations parents-enfants, gratuit, anonyme, confidentiel et accessible partout au Québec. Des professionnels disponibles jour et nuit, en tout temps, répondent à vos questions sur l'éducation, le développement des enfants, la gestion de crise ou des conflits parents-enfants, ou encore les besoins et les réalités des parents d'aujourd'hui. Voici le numéro à composer :

   514 288-5555 (Montréal)
   ou
   1 800 361-5085 (extérieur)

188

Annexe II

POLITIQUE SUR LE SOMMEIL CHEZ LES ENFANTS*

Le besoin d'une politique sur le sommeil chez les enfants s'est fait sentir en réaction à la demande croissante de parents qui exigeaient que la sieste soit abolie dans les services de garde. Or, ce temps de repos est essentiel pour les enfants. Les énoncés contenus dans cette politique visent à sensibiliser les parents aux besoins de leur enfant en matière de sommeil.

Politique approuvée par le Comité administratif du centre de la petite enfance (ou de la garderie ou d'un bureau coordonnateur) en date du (mettre la date de la résolution approuvant la politique).

1- Une période de repos quotidienne est obligatoire pour tous les enfants de tous les groupes d'âges. Les plus jeunes feront la sieste tandis que les plus vieux s'étendront sur leur matelas pour une période minimum de 45 minutes. Si l'enfant s'endort, on le laissera s'éveiller de lui-même, mais ce temps de sieste ne dépassera pas 15 heures afin de ne pas nuire au sommeil de nuit.

---

* Il serait sans doute très intéressant d'y joindre le tableau des besoins en sommeil des enfants mentionné à la fin du chapitre 4.

2- Une routine prévisible et stable est installée afin de créer le climat de confiance et de sécurité nécessaire pour que les enfants acceptent ce moment de repos indispensable, en profitent bien et se laissent aller au sommeil. Des mesures sécuritaires et rigoureuses sont adoptées en tout temps lors de la sieste, pendant la préparation, l'installation des enfants, le repos, le lever et le rangement du matériel. Le brossage des dents est obligatoire dans le seul but de s'assurer que l'enfant n'a plus de nourriture dans la bouche qui pourrait l'amener à suffoquer durant son sommeil.

3- Le parent doit apporter une attention particulière aux boutons décoratifs qui se trouvent sur les vêtements, aux objets transitionnels ou aux bijoux portés par l'enfant qui risquent de provoquer l'étouffement durant la sieste.

4- L'éducatrice s'assurera que les enfants ont bien bu et bien mangé. La période qui précède le coucher est réservée à des activités calmantes et aux démonstrations affectueuses et chaleureuses, qu'il s'agisse de le prendre, de le masser, de le bercer, de lui parler et même de chanter une berceuse, mais pas dans le but de l'endormir.

5- Aucun biberon ne sera utilisé pour endormir le bébé. L'enfant qui désire boire le fera en position assise ou semi-assise avant de s'étendre pour dormir.

6- Le temps de repos ou la sieste débute au plus tôt vers 12 h 30 ou 13 h. Toute source de stimulation sensorielle est éliminée : éclairage, musique, télévision, circulation et déplacement, volume de la voix, y compris celle de l'éducatrice. La pièce est aérée entre la période du dîner et le début de la sieste pour assurer une meilleure qualité de l'air ambiant.

7- Une distance vitale de 60 cm (2 pi) est prévue entre les matelas, mesure qui évite également la propagation des infections. Autant que possible, le même endroit est prévu pour chaque enfant à chaque jour. Faire la sieste dans un endroit spécial, sous une petite tente ou dans un coin favori peut être attribué à chaque enfant à tour de rôle. Les tout-petits sont installés en lieu sûr, par exemple dans un parc.

8- L'éducatrice en milieu familial se réserve le droit de laisser dormir ses propres enfants dans leur chambre respective.

9- Les habitudes personnelles des enfants seront respectées au début de la sieste : se bercer, se balancer en rythme, se tortiller une mèche de cheveux, jouer avec ses mains, se blottir contre son toutou ou doudou, etc., pour autant que ce soit sécuritaire, hygiénique et non dérangeant pour les autres enfants.

10- Les enfants s'endorment en tout temps sur leur matelas ou dans le parc. La responsable n'est pas tenue d'endormir les enfants, son rôle étant de favoriser l'autonomie dans le processus d'endormissement et de créer de bonnes habitudes de sommeil. Les enfants qui n'ont pas appris à s'endormir seul l'apprennent.

11- Les objets transitionnels devront être faciles à laver et à ranger et sont entretenus hebdomadairement par le parent. Également, l'éducatrice doit communiquer au parent tous problèmes particuliers qui surviennent durant la sieste de leur enfant : nervosité, changement dans les habitudes de sommeil ou de repas, pleurs inhabituels, etc. Les parents ainsi informés pourront former une équipe avec l'éducatrice afin de comprendre l'enjeu et d'y remédier.

12- Un enfant qui ne se réveille pas de façon spontanée après 2 heures de sieste ne sera pas automatiquement réveillé ; on présumera que son besoin de sommeil est plus grand. Si l'enfant prolonge sa sieste au-delà de 3 heures consécutives, il sera réveillé en douceur durant une période de sommeil lent afin de ne pas le brusquer.

13- Le parent qui affirme avoir de la difficulté à coucher son enfant le soir et s'en plaint à l'éducatrice sera adressé à un spécialiste afin de trouver une solution.

14- Tous les enfants sans exception (à moins d'avis contraire, par exemple un enfant malade) sont assujettis à cette politique. Les parents ne peuvent donc pas exiger que leur enfant ne fasse pas de sieste ou ne participe pas à la période de repos.

15- Aucun médicament sans ordonnance ne sera administré à un enfant pour l'endormir (par exemple Tylénol).

Enfin, en date du jour, le parent et le responsable en service de garde signent le document afin d'attester qu'ils ont pris connaissance des points mentionnés ci-dessus et acceptent de s'y conformer.

Annexe III

JOURNÉE INTERNATIONALE DU SOMMEIL
(Le 21 mars de chaque année)

Chacun de nous dispose d'un capital sommeil et il est trop précieux pour être négligé ou maltraité. À nous de savoir le gérer, le conserver, l'utiliser au mieux et transmettre à nos enfants notre connaissance sur cette activité essentielle que nous partageons avec la plupart des espèces vivantes.

Pourquoi s'intéresser au sommeil ?

Parce que le sommeil concerne chacun d'entre nous, bons ou mauvais dormeurs. Nous passons près d'un tiers de notre vie dans cet état, et ce n'est que récemment que les chercheurs se sont intéressés au sommeil lui-même, à sa physiologie et à son rôle dans le développement de l'individu et de la personnalité. Mieux comprendre le sommeil, c'est déjà apprendre à mieux dormir, à mieux gérer son sommeil et donc à améliorer ses performances et son fonctionnement pendant la journée. Cette compréhension est nécessaire afin de mieux cerner cet état de première importance pour la santé physique et mentale de chacun.

Quelles sont les conséquences d'un mauvais sommeil ?

Sur le plan collectif, elles sont désastreuses. Les répercussions de l'insomnie sont évaluées à plusieurs millions d'euros chaque année en France et se chiffrent en milliards de dollars en Amérique du Nord. Les conséquences doivent aussi être mesurées sous l'angle de la consommation de médicaments (somnifères), qui est de plus en plus élevée chaque année. Par ailleurs, la responsabilité des troubles du sommeil et de la vigilance dans les accidents de la route est une réalité qui apparaît de plus en plus évidente. La somnolence au volant tue ; elle serait responsable de 30 % des accidents mortels sur l'autoroute et de 100 000 accidents légers par année. En outre, on estime qu'au siècle dernier, la durée du sommeil a diminué de 20 % du simple fait de nos conditions de vie. Cette dette de sommeil n'est pas sans conséquences sur la santé. Les répercussions d'une privation chronique de sommeil sur l'équilibre mental sont probablement sous-évaluées. La diminution de la résistance au stress, l'anxiété, la dépression sont des troubles graves qui apparaissent fortement liés à l'insuffisance de sommeil.

Et le sommeil des bébés ?

Les bébés ne naissent pas avec un chromosome de bonnes habitudes de sommeil ; celles-ci doivent être enseignées. Or, c'est dès la naissance que se construit le rapport au sommeil. Selon les habitudes adoptées, on devient un bon ou un mauvais dormeur. Les parents ont une responsabilité éducative majeure à jouer dans ce domaine. Il leur appartient de se renseigner sur les mécanismes du sommeil, d'en comprendre les enjeux et d'adopter les bonnes attitudes. Pourtant, le sommeil, contrairement à la diététique, ne fait l'objet d'aucune information systématique à la naissance du bébé. Malheureusement, dans bien des cas, le sommeil ne commence à susciter un vif intérêt que lorsqu'il pose problème.

Ritalin et sommeil ?

Le traitement du trouble déficitaire de l'attention avec hyperactivité motrice (TDA-H) est un sujet de recherche d'intérêt majeur. Le Ritalin est le médicament le plus souvent prescrit à la suite d'un diagnostic de TDA-H, parce qu'il est celui dont les effets sont les plus rapides. Toutefois, des traitements non médicamenteux doivent aussi faire partie du plan de traitement. Ils incluent une thérapie, l'apprentissage au comportement social adapté et, pour les parents, une formation traitant des techniques de prise en charge de l'enfant ayant un TDA-H. Bien que le Ritalin puisse avoir un effet bénéfique sur l'inattention et sur l'hyperactivité/impulsivité et permettre une amélioration du comportement et des résultats scolaires chez 60 % à 80 % des enfants ayant un TDA-H, ses effets secondaires soulèvent des inquiétudes. Parmi les effets secondaires les plus fréquents du Ritalin, mentionnons l'insomnie (au premier rang), l'irritabilité, la diminution de l'appétit et la perte de poids.

Au Québec, on estime que près de la moitié des enfants qui sont envoyés en consultation pour TDA-H souffrent de toutes sortes d'autres problèmes, tels que les troubles d'apprentissage, la dépression, l'anxiété et la dette de sommeil, dont les manifestations ressemblent à celles du TDA-H, mais qui ne nécessitent pas le recours au Ritalin. Comment peut-on alors justifier l'augmentation du nombre d'enfants qui prennent régulièrement du Ritalin ? Serait-ce que le manque de sommeil des adultes dû à une vie en société trop exigeante aurait pour effet que les parents n'ont plus la force nécessaire pour supporter leurs enfants ?

Pourquoi une journée internationale du sommeil ?

Afin de sensibiliser le grand public à l'importance du sommeil et aux conséquences de ses troubles, la journée du 21 mars, le premier jour du printemps, a été retenue comme journée internationale du sommeil. Cette initiative baptisée « Open your eyes to sleep » (Ouvrez les yeux sur votre sommeil) a été inaugurée le 21 mars 2001. Au-delà de la fascination que nous inspire cet état, ouvrons les yeux sur notre sommeil, apprenons le sommeil à nos enfants. Il n'est pas trop tard !

Vous désirez offrir une conférence en milieu de travail ou dans votre organisation ?

Différentes conférences sont disponibles afin de répondre aux questions les plus fréquemment posées sur le sommeil de tous les âges de la vie, du bébé à la personne âgée, de l'homme ou de la femme d'affaires stressée au travailleur de nuit, en passant par la femme enceinte ou ménopausée.

Pour information :

contact@brigittelangevin.com
ou
514 806-2016

BIBLIOGRAPHIE

BACUS, Anne. *Le sommeil de votre enfant*, Paris, Marabout, 2004, 283 pages.

BENOIT, Joe-Anne. *Le défi de la discipline familiale*, Outremont, Quebecor, 2005, 221 pages.

BOIVIN, Johanne. *L'enfant malade*, Montréal, Hôpital Sainte-Justine, 2000, 88 pages.

CHALLAMEL, D^re Marie-Josèphe, et D^re Marie THIRION. *Mon enfant dort mal*, Paris, Retz-Pocket Évolution, 1993, 383 pages.

CHAPUT, Mario. *Le sommeil tranquille*, Outremont, Quebecor, 2005, 212 pages.

CHICOINE, Dr Jean-François et Nathalie COLLARD. *Le bébé et l'eau du bain*, Montréal, Québec Amérique, 2006, 513 pages.

CLERGET, Stéphane. *Enfants accros de la télé !*, Paris, Marabout, 2003, 213 pages.

DEMENT, Dr William. *Avoir un bon sommeil*, Paris, Odile Jacob, 2000, 432 pages.

FERBER, Dr Richard. *Protégez le sommeil de votre enfant*, Paris, ESF éditeur, 1990, 237 pages.

FLUCHAIRE, Pierre. *Bien dormir pour mieux vivre*, Paris, J'ai Lu, 1998, 240 pages.

FLUCHAIRE, Pierre. *Les secrets du sommeil de votre enfant*, Paris, Albin Michel, 1993, 277 pages.

FRIEBEL, Dr Volker. *Les troubles du sommeil*, Paris, Vigot, 2003, 135 pages.

GALARNEAU, Sylvie. *Fais dodo mon trésor*, Montréal, Publications MNH inc., 1999, 178 pages.

GARFIELD, Patricia. *Comprendre les rêves de vos enfants*, Paris, Albin Michel, 1987, 448 pages.

GOTTLIEB, D^re Susan. *Les problèmes de sommeil des enfants*, Montréal, Éditions de l'Homme, 1998, 184 pages.

GRATTON, Nicole. *Le sommeil idéal*, Montréal, Un Monde différent, 2000, 191 pages.

GRATTON, Nicole. *Mon enfant fait des cauchemars*, Montréal, Alexandre Stanké, 2000, 157 pages.

GRATTON, Nicole. *Dormez-vous assez ?*, Montréal, Flammarion Québec, 2006, 222 pages.

GROSBOIS, Dr Jacques et Michèle Le Pellec. *Apnées, ronflements et troubles du sommeil*, Montréal, Option Santé, 2003, 91 pages.

HOGG, Tracy. *Les secrets d'une charmeuse de bébé*, Paris, J'ai Lu, 2004, 317 pages.

LANGEVIN, Brigitte. *Rêves & Créativité*, Montréal, Éditions Le Dauphin Blanc, 2003, 143 pages.

LANGEVIN, Brigitte. *S.O.S. cauchemars*, Montréal, Flammarion Québec, 2005, 207 pages.

LANGEVIN, Brigitte. *Une discipline sans douleur*, Boucherville, Éditions de Mortagne, à paraître en 2010.

LANGEVIN, Brigitte. *Mieux dormir... j'en rêve !*, Boucherville, Éditions de Mortagne, 2009, 223 pages.

LECENDREUX, Dr Michel. *Le sommeil*, Paris, J'ai Lu, 2003, 273 pages.

LECENDREUX, M. et E. Konofal, *Échelle de somnolence adaptée à l'enfant et à l'adolescent*, mars 2001.

LOUIS, Sylvie. *Le grand choc du bébé prématuré*, Montréal, Hôpital Sainte-Justine, 2003, 364 pages.

MENNIG, Miguel. *Le sommeil, mode d'emploi*, Paris, Eyrolles, 2004, 175 pages.

MORIN, Dr Charles. *Vaincre les ennemis du sommeil*, Montréal, Éditions de l'Homme, 1997, 262 pages.

NEMET-PIER, Lyliane. *Moi, la nuit, je fais jamais dodo*, Paris, Fleurus, 2000, 196 pages.

RUFO, Dr Marcel et Christine SCHILTE. *Bébé dort bien*, Paris, Hachette, 2004, 126 pages.

STIRLING, Siobhan. *Le sommeil : aider votre enfant à bien dormir*, Courbevoie, Soline, 2004, 96 pages.

WELFORD, Heather. *Aidez votre enfant à dormir*, Saint-Constant, Broquet, 2004, 112 pages.

WILSON, Paul et Tania WILSON. *Mère calme, enfant calme*, Paris, J'ai Lu, 2003, 175 pages.

WINNICOTT, Donald Woods. *De la pédiatrie à la psychanalyse*, Paris, Payot, 1989, 464 pages.

* *

*

Autres

ASSOCIATION LE CAIRN. *La mort subite du nourrisson*, Paris, Ellipses, 2000, 96 pages.

COMITÉ PERMANENT DE LUTTE À LA TOXICOMANIE.

Drogues, savoir plus, risquer moins, Québec, Gouvernement du Québec, 2003, 207 pages.

Pediatrics, vol. 104, n° 3, septembre 1999.

« Le Sommeil », *Science et Vie*, hors série n° 220, septembre 2002, 160 pages.

Sites Internet
(consultés en mai 2009)

- Informations pour les parents d'enfants prématurés :
  www.prematurite.com

- Association Sommeil et Santé :
  www.sommeilsante.asso.fr/index.html

- « Bons trucs, bons dodo », sur Petit monde.com :
  www.petitmonde.com/iDoc/Article.asp?id=10742

- Comité permanent de lutte à la toxicomanie :
  www.dependances.gouv.qc.ca/index.php?aid=37

- Guide Info-Parents (CHU Sainte-Justine) :
  www.chu-sainte-justine.org/Famille/page.aspx?
  id_page=1454&id_menu=668

- La grande aventure du sommeil :
  www.sommeil.org/

- Le chocolat :
  www.fr.wikipedia.org/wiki/Chocolat

- Le sommeil des enfants :
  www.eric.mullens.free.fr/enfant.htm

- Le sommeil des enfants (Doctissimo) :
  www.doctissimo.fr/html/psychologie/bien_dormir/
  sommeil_enfant_niv2.htm

- National Sleep Foundation :
  www.sleepfoundation.org/

- Traitement mécanique de l'énurésie :
  www.pipi-stop.ch/reussir.htm

À PROPOS DE L'AUTEURE

Brigitte Langevin agit à titre de conférencière et de formatrice partout à travers la francophonie au Canada et en Europe. Elle diffuse le fruit de ses connaissances dans le but de favoriser chez les gens un meilleur sommeil et une compréhension plus profonde des bienfaits d'un travail sur les rêves. Également, à travers son parcours et ses recherches, elle a développé une expertise dans les questions touchant la discipline chez les enfants.

Elle est recherchée pour son dynamisme, son humour et sa facilité à vulgariser des concepts théoriques et scientifiques. Elle amène ainsi les individus à prendre en charge leur sommeil, leurs rêves et à assumer positivement leur rôle de parents ou d'éducateurs.

Auteure prolifique, elle a publié à ce jour dix ouvrages :

- *Rêves & Créativité* s'adresse à tous ceux qui ont à cœur de développer leur potentiel de créativité par les rêves, tant dans le domaine personnel et artistique que dans le domaine professionnel et scientifique.

- *Recueil de postulats*, 500 demandes pour trouver des solutions tout en dormant.

– *S.O.S. Cauchemars Cauchemars* permet de comprendre la cause des différents cauchemars, de les interpréter et de leur donner un sens. L'ouvrage propose également une méthode efficace pour s'en prémunir.

– *Mon premier journal de rêves*, outil simple et original conçu pour toutes les personnes désireuses de noter et de comprendre leurs rêves.

– *Le rêve et ses bénéfices* offre des témoignages inspirants qui vous donneront le goût de vous occuper de vos rêves. Ce livre expose avec simplicité une méthode facile à mettre en pratique pour comprendre les messages de ses rêves et en bénéficier pleinement.

– *Mieux dormir... j'en rêve !* propose de répondre aux questions les plus fréquemment posées sur le sujet et concernant tous les âges : de l'étudiant à la personne âgée, de l'homme d'affaires stressé à la femme enceinte. Ce livre fournit de l'information essentielle sur les conditions d'un bon sommeil en guidant aussi le lecteur vers des moyens concrets et des solutions thérapeutiques pour mieux dormir.

– *Une discipline sans douleur* propose des méthodes d'intervention efficaces, pratiques et non violentes pour corriger les attitudes indésirables et inculquer de saines habitudes de vie. De plus, les différentes stratégies sont appuyées de nombreux exemples concrets, selon les groupes d'âge.

– *Comprendre les dessins de mon enfant* est un guide pratique pour vous permettre de devenir des parents ou éducateurs avisés et capables de voir au-delà de l'aspect pictural du dessin. Vous y trouverez suffisamment de matériel pour analyser les dessins de votre enfant sous un tout autre angle.

– *Le sommeil du nourrisson* permet de se familiariser avec les mécanismes d'un sommeil normal et les besoins du nourrisson. Vous y découvrirez également quelques mythes, la nature des différents troubles du sommeil et les conditions d'une bonne hygiène de sommeil. Mais surtout, vous y trouverez une stratégie éprouvée et adaptée pour favoriser l'apprentissage du sommeil chez votre tout jeune bébé.

Pour se renseigner sur les prochaines activités de Brigitte Langevin, veuillez communiquer avec elle à l'une des adresses suivantes :

Courrier postal :
Brigitte Langevin
2110, rue Louis-Giard
Laval (Qc)
H7M 6C7
Canada

Courriel :
contact@brigittelangevin.com

Site Internet :
www.brigittelangevin.com

EN PRIME

En achetant ce livre, vous obtenez la possibilité d'une consultation téléphonique avec l'auteure au coût de 35 $ taxes incluses (prix régulier 75 $ plus taxes). Remplissez le coupon ci-dessous. Mme Langevin communiquera avec vous par courriel ou téléphone pour prendre rendez-vous. Seul le coupon original est accepté.

------------------------------ ✂ ------------------------------

Nom : _____

Prénom : _____

Courriel (e-mail) : _____

Téléphone : _____

Âge de l'enfant : _____ Son prénom : _____

Expliquer la difficulté en quelques mots :

_____

_____

_____

_____

Cocher vos disponibilités :

❏ AM   ❏ PM   ❏ Soirée   ❏ Urgent

❏ Sur semaine   ❏ Le week-end

Payable par chèque à l'ordre de Brigitte Langevin ou par carte de crédit : Visa _____ Master Card _____

Numéro de carte : _____

Nom du titulaire : _____

Date d'expiration _____ / _____ (mois/année)

Signature : _____

Poster à :

La prime avec l'auteure Brigitte Langevin
2110, rue Louis-Giard
Laval (Qc)
H7M 6C7
Canada